Giovanni Jervis
Grundfragen der Psychologie

GIOVANNI JERVIS
GRUNDFRAGEN DER PSYCHOLOGIE

Aus dem Italienischen von Renate Heimbucher
Verlag Klaus Wagenbach   Berlin

Die italienische Originalausgabe erschien 1999
unter dem Titel *Prime lezioni di psicologia*
bei Editori Laterza in Rom.

Wagenbachs Taschenbuch 415
Originalausgabe

© 1999 Giuseppe Laterza & figli s.p.a., Roma – Bari. Die deutsche Ausgabe erscheint durch Vermittlung der Literatur-Agentur Eulama.
© 2001 für die deutsche Ausgabe: Verlag Klaus Wagenbach, Emser Straße 40/41, 10719 Berlin. Umschlaggestaltung Groothuis & Consorten unter Verwendung eines Fotos von Stone. Die Karnickel auf Seite 1 zeichnete Horst Rudolph. Gesetzt aus der Quadraat von Greiner & Reichel, Köln. Gedruckt und gebunden von Pustet, Regensburg. Printed in Germany. Alle Rechte vorbehalten.
ISBN 3 8031 2415 8

Inhalt

ERSTE LEKTION: WAS IST PSYCHOLOGIE?

1. Eine Reise durch den Archipel. Die Alltagspsychologie   7
2. Die Grenzen des Allgemeinwissens   11
3. Eine allgemeine Definition der Psychologie   19
4. Die Emotionen: ein gutes Einstiegsthema   21
5. Und die Subjektivität?   25
6. Wissen und Kontrolle   30
7. Kooperatives Verhalten und andere soziale Tugenden   35

ZWEITE LEKTION:
DIE GEBURT DER MODERNEN PSYCHOLOGIE

1. Kisten auf dem Kai   41
2. Zwei Psychologien? Die Psychologie von unten gesehen und von oben gesehen   43
3. Psychologen und Humanisten   46
4. Die operative oder praktisch-empirische Psychologie und ihre (teilweise) Überwindung   49
5. Noch einmal zur praktischen Psychologie: das Problem der wissenschaftlichen Beweisführung   53
6. Psychologen und Philosophen   56
7. Die Geburt der zeitgenössischen Psychologie   61

DRITTE LEKTION:
EINFACHE MITTEL – GROSSE WIRKUNG

1. Walters Schildkröte   80
2. Der Geschmack der Schokolade   83
3. Einiges über das menschliche Gehirn   86
4. Unbewußte Zwecke   93
5. Die Zuschreibung von Absichten   99
6. Wozu Träume gut sind   107

VIERTE LEKTION: DIE TALENTFABRIK

1. Die Geschichte, die aus uns gemacht hat, was wir sind   113
2. Wir sind alle gleich – mit einigen Folgen   117
3. Hypothese über die Schwächen des menschlichen Gehirns   129
4. Wir sind alle verschieden – mit einigen Folgen   139

Anmerkungen   147

Erste Lektion
WAS IST PSYCHOLOGIE?

1. Eine Reise durch den Archipel. Die Alltagspsychologie

Dieses schmale Büchlein ist eher eine Art Plauderei als eine systematische Darstellung. Trotzdem folgt es bestimmten Kriterien, die ich gleich darlegen möchte.

Das vorliegende Buch ist – wenn die Vergleiche nicht zu banal klingen – eher eine Vorspeise als ein komplettes Menü, mehr ein Trailer als ein ganzer Film, es soll einfach eine Orientierungshilfe in der kulturwissenschaftlichen Landschaft der modernen Psychologie geben, damit sich dann jeder seinen Weg selbst suchen kann.

Die Sprache ist hoffentlich klar, einfach und verständlich für jeden, der – auch wenn er noch nie etwas über Psychologie gelesen hat – über jene Grundvertrautheit mit dem geschriebenen Wort verfügt, die man sich erwirbt, wenn man drei bis vier Bücher pro Jahr liest.

Eine Besonderheit der Materie kommt gleich am Anfang ins Spiel. Die Psychologie ist kein sehr systematisches Fach, ja sie ist unter den modernen Wissenschaftsdisziplinen vielleicht die am wenigsten homogene. Die Biologie, die Volkswirtschaft oder die Linguistik sind viel kompaktere Materien, deren Grundlagen sich relativ leicht darstellen und dann weiterentwickeln lassen. Für die Psychologie gilt das nicht. Sie gleicht mehr einer Landschaft als einem Gebäude, eher einem Archipel als einer Fläche mit eng beieinander liegenden Dörfern und Feldern. Auf dem Archipel gibt es verschiedene Anlegeplätze, und es ist nicht so einfach zu entscheiden, bei welcher Insel man beginnen soll. Wir wissen, daß nicht alle Routen gleich sind und daß einige Touren lohnenswerter sind als andere.

Auf diesen Seiten werde ich einige »Grundthemen« behandeln und dabei die der breiten Öffentlichkeit nicht immer bekannten Orientierungen erläutern, die unter den mit der Forschung befaßten Psychologen vorherrschen.

Dabei spielt in diesem Buch aber auch die spezielle Art und Weise mit, wie ich selbst an die Dinge herangehe. Wenn ich beispielsweise einen Einführungskurs in Psychologie halten soll, dann wird auf jeden Fall eine der ersten Lektionen, wenn nicht mehr, der Geschichte dieser Disziplin gewidmet sein. Vor die Wahl zwischen weiteren Kriterien und Orientierungen gestellt, werde ich meine Hörer als nächstes in eine Problematik einführen, die nicht ohne Reiz ist und über die heute viel diskutiert wird: die sogenannte naive Psychologie. Hier werde ich mich zumindest ein Stück weit von einem Thema leiten lassen, das man als »Irrtümer des Alltagsdenkens« bezeichnen könnte. Ich bin mir natürlich nicht sicher, ob diese beiden Einstiegsthemen – also die Psychologiegeschichte und die naive Psychologie – die besten sind. Ich hoffe, daß ich damit richtig liege, aber ich muß zugeben, daß ich sie auch deshalb ausgewählt habe, weil sie zu dem Interessengebiet gehören, mit dem ich mich schon seit längerem beschäftige.

Ich möchte den Leser also in aller Freundschaft warnen: Er muß wissen, daß in unserem Fach ein knapper und allgemeinverständlicher Text immer auch etwas Willkürliches hat. Ich habe zwar vermieden, meine eigenen Theorien darzustellen, und mein Hauptanliegen war es, einen Überblick über die seriösesten, aktuellsten und anerkanntesten Richtungen der heutigen Psychologie zu geben, doch auch wenn unter den meisten Psychologen in bezug auf diese Orientierungen Übereinstimmung herrscht, haben doch nicht alle die gleichen Vorstellungen. Vor allem wären sich nicht alle darüber einig, was der beste Einstieg für einen Psychologiekurs ist. Ich kann also nur sagen, daß ich mich um Objektivität und Aufrichtigkeit bemüht habe, daß aber andere, die nicht weniger aufrichtig sind als ich, mit anderen Kriterien an das Thema herangehen würden.

Die zweite Besonderheit der Psychologie ist, daß es der Psychologe immer mit Leuten zu tun hat, die schon bestimmte Vorstellungen von der Materie haben, auch wenn sie sich für völlig inkompetent ausgeben. Tatsache ist, daß jedermann Tag für Tag notgedrungen ein bißchen Psychologe sein muß, während sich niemand im gleichen Maß als Chemiker, Biologe, Philologe oder Astronom zu betätigen hat.

So müssen wir alle lernen, Menschen richtig einzuschätzen, ohne uns allzuoft zu täuschen, und wir vertrauen dabei auf eine Reihe eigener Kriterien. Jeder von uns teilt die Menschen unwillkürlich in sympathische und unsympathische, zuverlässige und unzuverlässige, intelligente und weniger intelligente ein. Zu diesem Zweck ziehen wir verschiedene theoretische Parameter heran, darunter vielleicht auch die Typologie der Sternzeichen (»typisch Fisch, immer weicht er aus« oder: »ein echter Krebs, so überempfindlich, wie er er ist«). Wir berufen uns also gegebenenfalls auf ziemlich ambitiöse charakterologische Einteilungen.

Auch wenn es darum geht, die eigenen Gemütszustände zu beurteilen, muß jeder von uns Psychologe sein. »Heute fühle ich mich so mies, bin ich etwa deprimiert? Oder liegt es vielleicht an meinem niedrigen Blutdruck?«, so fragen wir uns zum Beispiel.

In Fragen wie diesen bauen wir uns alle unsere eigenen Ideen und Theorien auf.

Es lohnt sich, noch etwas bei dieser Thematik zu verweilen. Den Ursprung einer absolut »elementaren« Spontanpsychologie sehen wir in der sogenannten Primärtheorie des Geistes, wenn Kinder sich um das dritte Lebensjahr herum fragen, wie die anderen denken.[1] Auf einer schon reiferen und komplexeren Stufe gibt es dann verschiedene Formen der »volkstümlichen Psychologie« und der »Mittelstandspsychologie«, die viel mit der naiveren und spontaneren Psychologie gemeinsam haben, sich aber je nach dem kulturellen Milieu artikulieren.[2]

Nicht immer ist die Mittelstandspsychologie geringzuschätzen; sie ist oft interessant, und es muß betont werden, daß unser aller Mentalität davon durchdrungen ist, einschließlich die der Psychologen. Ihre Hervorbringungen resultieren sowohl aus den allgemeinen Formen der Spontanpsychologie als auch aus traditionellen Überzeugungen über das Wesen des Menschen, die durch eine Reihe von Informationen und durch das, »was man gehört hat«, nach und nach aktualisiert werden.

Zu dem letzteren Punkt ist zu sagen, daß der kulturelle Kontext nicht immer günstig ist. Wenn wir heute in eine mittelgroße Buchhandlung treten, dann stellen wir fest, daß in der betreffenden Abteilung (die meistens in der Nähe der Abteilung mit Kochbüchern, Diät- und Gesundheitsratgebern und Selbsthilfebüchern zu finden ist) regelrechte Psychologiebücher und sogar gute populärwissenschaftliche Einführungen in die Psychologie rar sind. Sie gehen fast unter in der verwirrenden Vielzahl von Texten über Esoterik und Magie, über New Age und die »Geheimnisse der Psyche« und in der Flut von praktischen Ratgebern (»Ängste erfolgreich meistern« oder »Wie lerne ich mich durchzusetzen?«).

2. Die Grenzen des Allgemeinwissens

Auch wenn wir die Konsumenten der populären psychologischen Literatur außer acht lassen, bemerken wir, daß selbst viele Leute mit guter Bildung nur recht vage Vorstellungen von der Psychologie haben.

Zwar trifft man heute kaum noch auf jemanden, der die Psychologie mit einer ihrer Schulen, z. B. der Psychoanalyse, verwechselt, aber es gibt noch viele andere Möglichkeiten, den sehr komplexen Wissensbereich ungebührlich zu vereinfachen.

Auch wenn die »allgemeine«, also die nicht »fachmännische« Psychologie weder naiv noch primitiv ist, ist sie doch nicht wissenschaftlich, sondern eher introspektiv und intuitiv. Außerdem hält sie bisweilen lieber an überkommenen Vorstellungen fest, anstatt sich für die zeitgemäßen Ideen zu öffnen. So gebraucht sie zum Beispiel immer noch aus der literarisch-philosophischen Tradition stammende Begriffe wie »Leidenschaften«, »Triebe« oder »Willen«, die – nicht ohne guten Grund – allmählich aus dem Vokabular der modernen Psychologie verschwunden sind. Wenn es um die Psychoanalyse geht, werden oft einige der wirkungsvollsten Begriffe herausgegriffen, obwohl sie bei modernen Wissenschaftlern kein sehr hohes Ansehen mehr genießen. Gern befaßt sich diese »Alltagspsychologie« mit moralischen Fragen wie z. B. mit dem Thema der Schuld. Auch der Begriff des »Willens« hat übrigens einen moralistischen und mahnenden Beigeschmack: »Wo ein Wille ist, ist auch ein Weg«, »Du bist zu willensschwach«, »Mit gutem Willen löst man alle Probleme« und so weiter. Dazu ist zu sagen, daß der Begriff – einmal abgesehen von diesem an und für sich schon zweifelhaften Wortgebrauch – viel weniger aussagt, als es auf den ersten Blick scheinen mag.

Schließlich gehen diese Laienpsychologen gern von einer Annahme aus, die bei Berufspsychologen manchmal einen gewissen Unmut hervorruft: Sie sind der Ansicht, daß die Psychologie im Grunde keine wirklich technische Disziplin ist und können sich deshalb nicht vorstellen, daß sie auch Teilbereiche umfaßt, die man sich nur durch gründliches Studium erarbeiten kann.

Tatsache ist jedoch, daß diese Psychologie des gesunden Menschenverstands oder intuitiv-introspektive Psychologie Jahr für Jahr weniger Ähnlichkeit mit der Psychologie der Experten hat. Der Grund dafür ist, daß die seriösesten und fundiertesten psychologischen Theorien von Introspektion und Intuition mehr und mehr unabhängig sind und sich statt dessen zunehmend auf systematische Forschungsmethoden stützen. Wie in allen Bereichen der wissenschaftlichen Forschung – man denke nur an die Physik oder Astronomie – sind die Resultate, zu denen man gelangt, um so häufiger kontraintuitiv, je weiter man zum Kern eines Problems vordringt.

Tatsächlich führt uns die introspektiv-intuitive Psychologie oft auf Abwege. Während wir alle begriffen haben, daß sich die Erde um die Sonne dreht und daß unsere Antipoden nicht mit dem Kopf nach unten leben, erliegen wir hinsichtlich der menschlichen Natur immer noch Täuschungen, die sehr viel schwerer auszuräumen sind. Anders als die naive Astronomie bringt die naive Psychologie Irrtümer hervor, an denen wir hängen, weil es dabei um das Bild geht, das wir uns von uns selbst machen. Die typischsten Irrtümer dieser Art werden wir im Lauf dieser Lektionen kennenlernen.

Die Psychologie der »Spezialisten« ist also verglichen mit der »Alltagspsychologie« weniger einheitlich, zugleich aber systematischer; sie ist methodischer und doch auch provisorischer in ihren Errungenschaften; sie macht ihre Aussagen lieber in Begriffen der Wahrscheinlichkeit als der Gewißheit, stützt sich dabei aber öfter auf überprüfbare Ergebnisse; sie ist weniger brillant und verführerisch, und viele ihrer technischen Aspekte sind nicht auf Anhieb verständlich, weil man dazu über Kenntnisse verfügen muß, die nicht so einfach zu erwerben sind. So sind einige grundlegende Aspekte der modernen Psychologie ohne gute Statistikkenntnisse schwer zugänglich, und wer sich nicht in der Physiologie des Nervensystems auskennt, wird beim Versuch zu verstehen, was der menschliche Geist ist, nicht sehr weit kommen. Für einige Sparten braucht man über das Grundwissen hinausgehende Kenntnisse in Mathematik und in der Spieltheorie; in anderen muß man mit den hochtechnischen Problemen der künstlichen Intelligenz vertraut sein. Weite Bereiche der Psychologie sind also heute für den Laien nicht leichter verständlich als exakte Wissenschaften wie die Physik oder die Chemie.[3]

Noch eine letzte Bemerkung: Bisweilen hat man den Eindruck – auch wenn er schwer zu dokumentieren ist – daß sich in der »Alltagspsychologie« gerade in den letzten Jahren Vereinfachungen und Metaphern eingeschlichen haben, die zwar suggestiv sind und sich gut anhören, dabei aber immer ungenauer werden.

Seit um die vierziger Jahre herum die Freudsche Psychoanalyse und in jüngerer Zeit andere Teilbereiche der Psychologie wie die Kinderpsychologie oder die Psychiatrie populär wurden, hat sich das gängige Bild dieser Disziplinen verändert. Die Art und Weise, wie Psychologie von der Regenbogenpresse und von manchen reißerisch geschriebenen Büchern aufgefaßt wird, ist oft allzu vereinfachend. Dieser Eindruck von Banalität oder Plattheit ergibt sich nicht nur im Vergleich zur »technischen« Komplexität der modernen Psychologie, sondern auch zu einigen der besten Ideen von gestern. So waren die ursprünglichen Orientierungen von Freud und damit auch der im Entstehen begriffenen Psychoanalyse von einem höchst kritischen Geist und einer streng realistischen Sicht der menschlichen Natur geprägt; trotzdem wurde im Lauf der Jahrzehnte das populäre Bild der Psychoanalyse nicht nur immer mehr simplifiziert und geschönt, es nahm auch konservative und bisweilen sogar – Freud würde sich im Grabe umdrehen – spiritualistische Züge an. Ähnliches gilt für andere wichtige Bereiche der Psychologie wie die Kinderpsychologie oder die Psychologie des sozialen Zusammenlebens. Auch auf diesen Gebieten hat der Markt der gebildeten Mittelschicht die Simplifizierung der entsprechenden Problematik hingenommen; was dabei herauskommt, ist freilich mit Vorsicht zu genießen. Komplexe Themen wurden auf diese Weise auf ein Terrain gedrängt, auf dem suggestive, emotionale und sentimentale Anspielungen überzeugender wirken als klarsichtige, behutsame und fundierte Diskurse.

Diese für Illustrierte und viele populärwissenschaftliche Bücher typische, »gutgemeinte« Psychologie hat nichts zu tun mit den Dingen, mit denen sich auf der ganzen Welt die nicht geringe Zahl der Gelehrten befaßt, die Psychologie wissenschaftlich betreiben. Diese Wissenschaftler werden dafür bezahlt, daß sie lehren, studieren und vor allem forschen, sie machen aber keine Werbung für sich und wollen auch keine Kunden gewinnen, und ihr einziger Fehler ist, daß sie nicht für die breite Masse schreiben.

Vergleicht man die Themen der allgemeineren, landläufigen Psychologie mit den Problemen, die den Experten am Herzen liegen, zeigen sich nicht nur Unterschiede oder Widersprüche, sondern manchmal sogar Gegensätze, die wegen ihrer Auswirkungen auf das Alltagsleben übrigens von einigem Interesse sind. Zwei von vielen Beispielen für einen solchen Gegensatz zwischen dem »allgemeinen« Wissen und dem des Fachmanns möchte ich nun unter die Lupe nehmen. Es handelt sich um zwei ganz verschiedene Beispiele, die mir aber beide signifikant erscheinen. Beim ersten geht es um das Thema der Persönlichkeitsunterschiede, beim zweiten um die Gewalt.

Zum ersten Beispiel: Hinsichtlich der psychischen Unterschiede zwischen Individuen sind die »landläufigen« Ansichten von dem beeinflußt, was man auf dem Gebiet der sozialen Problematiken bisweilen für den politisch korrekten Standpunkt hält: daß alle mit der gleichen Intelligenz und vielleicht sogar mit den gleichen Grundvorlieben auf die Welt kommen. An dieser These ist natürlich zumindest ein Körnchen Wahrheit, denn es gibt gute Gründe anzunehmen, daß alle Menschen im wesentlichen die gleichen biologischen und psychischen Bedürfnisse haben. Es kommt allerdings oft vor, daß Eltern, Erzieher und Gesetzgeber die individuellen Unterschiede programmatisch zu gering bewerten und lieber ihren Glauben an ein anthropologisches Gleichheitsprinzip propagieren, das übertrieben ist und obendrein die Gefahr birgt – vielleicht ohne daß es seinen Verfechtern klar ist – daß das Recht eines jeden auf seine persönliche Andersartigkeit eingeschränkt wird.

Mit dieser egalitaristischen »Grundeinstellung« geht eine andere, analoge Art von Optimismus einher, nämlich die Idee, daß jeder – wenn nur entsprechend nachgeholfen wird – im Lauf seines Lebens seine gewohnten Verhaltensweisen ändern kann – natürlich zum *Besseren* hin. Was dahintersteckt, ist der Gedanke, daß sich auf diese Weise ausnahmslos alle den herrschenden Moralprinzipien anpassen können.

Hier drängt sich der Verdacht auf, daß die Dinge einfacher gemacht werden sollen, als sie sind. Tatsächlich sind die Psychologen in dieser Frage seit etwas mehr als zwanzig Jahren zu einer Orientierung gelangt, die sich von der früheren unterscheidet und die uns vielleicht aus vielerlei Gründen nicht gefällt, der wir aber dennoch Rechnung tragen sollten. Einer wirklich beträchtlichen Anzahl von Untersuchungen zufolge gilt es – jedenfalls für diejenigen, die sich ihr Leben lang mit der Erforschung des Problems befaßt haben – als erwiesen, daß die psychischen Unterschiede zwischen den Individuen in der Praxis so erheblich sind, daß sie eine aufmerksamere Betrachtung verdienen; vor allem aber gilt als gesichert, daß sie in erster Linie auf genetischen Faktoren und weit weniger auf den Einflüssen von Familie und Umwelt beruhen. Dazu kommen weitere, wenn auch weniger gesicherte wissenschaftliche Daten, die besagen, daß sich die Persönlichkeit im Lauf des Lebens nur sehr geringfügig und vor allem nicht *beliebig* verändern läßt.[4] (Unter Persönlichkeit sind hier nicht nur Intelligenz und allgemeine Neigungen wie Introversion oder Extraversion und besondere Anlagen wie die musikalische oder zeichnerische Begabung zu verstehen, sondern auch die vielen anderen Aspekte des gewohnheitsmäßigen Verhaltensstils jedes einzelnen.)

Wenn wir also die Auffassungen der heutigen Psychologie berücksichtigen wollen, dann ist das Problem der sozialen Ungleichheit möglicherweise viel schwerer zu lösen, als die für Fragen der Gleichberechtigung sensible öffentliche Meinung bisher glaubte. Mit anderen Worten: Gegen den Gedanken, daß alle mit den gleichen Rechten geboren sind, ist zwar schwerlich etwas einzuwenden, die Tatsache jedoch, daß nicht alle mit den gleichen Fähigkeiten oder besser gesagt mit dem gleichen Leistungsvermögen auf die Welt kommen, muß in Zukunft möglicherweise stärker berücksichtigt werden. Daraus ergäben sich einige Konsequenzen: z.B. wäre es angebracht, ein bewußt selektives Schulsystem auf den Weg zu bringen, in dem hochbegabte Kinder schon sehr früh in ein Curriculum integriert werden, das unabhängig vom Sozialstatus der Familie die optimale Entfaltung ihrer Fähigkeiten fördert.[5]

Das zweite Beispiel, das ich anführen möchte, bezieht sich auf die Gewaltprävention. Anders als beim vorhergehenden Beispiel legen die verfügbaren Daten in diesem Fall die Vermutung nahe, daß die Aspekte des Lernens im Vergleich zu den »triebhaften« von entscheidenderer Bedeutung sind als gemeinhin angenommen.

Bis vor einigen Jahrzehnten war die heute vor allem noch von der volkstümlichen Psychologie kultivierte Hypothese im Schwang, daß jemand, der den Drang verspürt, sich körperlich auszutoben, oder in dem dumpfe Wutgefühle brodeln, gut daran täte, diese Spannung irgendwann »abzureagieren« – je eher, desto besser. Nach dieser Sichtweise gehört die Aggressionsneigung zur menschlichen Triebausstattung und sollte unbedingt ausgelebt werden, da es sich um eine Energie handelt, die irgendwohin geleitet werden muß, weshalb jemand, der sie »in sich anstaut«, am Ende krank werden oder irgendwann doch einen Ausbruch haben und Schlimmes anrichten kann; vor allem aber wird ein Individuum, das sich »ausgetobt« hat, hinterher vielleicht ruhiger und umgänglicher sein. Einige Gelehrte der dreißiger und vierziger Jahre, die aus dieser heute naiv biologistisch erscheinenden Sicht argumentierten, rechtfertigten nicht nur schärfste Formen des individuellen Wettbewerbs, sondern hielten auch Kriege für notwendig. Ebenso glaubte man – auf einer entsprechend niedrigeren Ebene – daß ein Junge, der auf seine Schwester eifersüchtig ist und sich aggressiv gegen sie verhält, umgänglicher wird, wenn man ihn dazu ermutigt, jeden Tag auf eine eigens dazu bestimmte Gummipuppe einzuschlagen; oder daß die Volksmassen, die in alten Zeiten Gladiatorenkämpfen beiwohnten und heute aus den Fußballstadien strömen, nach einem solchen Spektakel gefügiger seien als vorher, eben weil sie sich »abreagieren« konnten.

Es sieht jedoch ganz so aus, als seien alle diese Hypothesen falsch. Ein zur Kriminalität neigendes Kind mit einem Hang zu physischen Angriffen wird erst recht aggressiv, wenn man ihm Papier und Buntstifte in die Hand gibt und es nach Belieben blutrünstige Szenen malen läßt; der eifersüchtige Bruder, der sich an der Gummipuppe austobt, wird gegenüber seiner Schwester nicht toleranter, sondern noch intoleranter; und wer, in einen harmlosen Auffahrunfall verwickelt, seiner Wut auf den anderen Autofahrer freien Lauf läßt, erreicht dadurch nicht, daß er sich beruhigt und dann alles gelassener sieht, sondern seine Aufregung wird im Gegenteil noch steigen; und ebenso sind die aus dem Stadion strömenden Fußballfans in den zwei Stunden keine besseren Menschen geworden, sondern möglicherweise noch schlimmer (und unter anderem auch viel aggressiver) als vor Spielbeginn.[6]

3. Eine allgemeine Definition der Psychologie

Traditionsgemäß könnte man daran erinnern, daß Psychologie wörtlich übersetzt die Lehre von der Psyche bedeutet.

Eine solche Formulierung ist für uns heute jedoch weniger befriedigend als früher. Wir vermuten nämlich sofort, daß sie zu ungenau ist. Und was ist die Psyche?, fragen wir uns. Das, womit sich die Psychologie beschäftigt ...

Genauer ist da schon die folgende Erklärung: Die Psychologie befaßt sich mit der Frage, wie Tiere und Menschen ihr Verhalten aufbauen, wie sie kommunizieren und sich Wissen konstruieren.

Das Arbeitsfeld der Psychologie grenzt auf der einen Seite unmittelbar an das Gebiet der Erforschung des Organismus, auf der anderen an das der Untersuchung der Gesellschaft. Zu beiden unterhält die Psychologie enge Beziehungen.

Nun interessiert sich die Psychologie nicht eigentlich dafür, wie Organismen funktionieren (dies ist das Aufgabengebiet der Physiologie, also praktisch der Biowissenschaften) und auch nicht, wie menschliches Zusammenleben funktioniert: Damit beschäftigen sich die Sozialwissenschaften, also die Soziologie, die Ethnologie und die Wirtschaftslehre. Was die Psychologie interessiert, ist die Frage, warum die einzelnen lebenden Organismen, die zwischen ihrer inneren Physiologie und ihren sozialen

Bindungen plaziert oder sozusagen gefangen sind, *sich auf diese Weise verhalten*, und folglich auch, warum wir selbst uns so und nicht anders verhalten (und so und nicht anders denken und fühlen).

Zu diesem Zweck will die Psychologie vor allem drei Dinge erklären: a) Welches sind die Mechanismen, die das Verhalten strukturieren, z. B. wie erlernt eine Maus, ein Kind oder ein älterer Mensch neue Fähigkeiten wie das Schälen einer unbekannten Frucht oder das Zurechtfinden in einer neuen Umwelt; b) Wie stellt sich jeder von uns Wirklichkeitsmodelle und Abbildungen der Welt her; c) Welches sind die Mittel, mit denen wir spontan kommunizieren.

Natürlich untersucht die Psychologie auch detailliertere Fragen wie zum Beispiel die, warum eine Katze miaut oder warum ein Säugling weint oder lacht, wie ein Sperling fliegen lernt, wie wir Empfindungen wahrnehmen, wie wir lieben, phantasieren und miteinander reden, wie wir in Angst geraten, wie wir träumen, uns erinnern oder das Gedächtnis verlieren, warum wir uns manchmal schuldig fühlen, ohne den Grund dafür zu wissen, und sogar, warum wir das Bedürfnis haben, an Wunder oder an fliegende Untertassen zu glauben; aber alle diese Funktionen, Fähigkeiten oder Geschehnisse sind Teil der drei obengenannten Kategorien: Verhalten, individuelle Wissenskonstruktion und Kommunikation.

Wir können uns hier natürlich nicht mit all diesen Themen befassen, und wir können auch nicht systematisch die Grundprobleme der Psychologie behandeln, aber es lohnt sich, ein paar Themen herauszugreifen, die aufgrund der jüngsten Forschungen in einem neuen und bisweilen überraschenden Licht erscheinen.

4. Die Emotionen: ein gutes Einstiegsthema

Das Thema Emotionen ist weder ganz einfach noch allzu kompliziert. Man könnte auch sagen, daß es nicht von zentraler Bedeutung ist. Ich komme hier vor allem deshalb darauf zu sprechen, weil der Leser dadurch an ein Thema herangeführt wird, das ihm einen guten Aussichtspunkt bietet. Wenn ich noch einmal den Vergleich heranziehe, den ich am Anfang des Buchs gemacht habe, dann ist das Thema Emotionen eine vom Zentrum des Archipels nicht allzuweit entfernt liegende Insel, von der aus man einen Blick auf ein recht interessantes Panorama werfen kann.

Auch in diesem Fall muß auf den Unterschied zwischen einer naiven, einige Vorurteile mit sich herumschleppenden Psychologie und der versierteren Psychologie des Spezialisten hingewiesen werden.

Einem weitverbreiteten naiven Vorurteil zufolge kann man eine Trennlinie ziehen zwischen dem edlen Teil des Menschen, dem Geist, dem Bewußtsein, Sprache und Vernunft zuzurechnen sind, und einem weniger edlen, mit dem Körper verbundenen Teil, der emotional, impulsiv-triebhaft und animalisch ist. Dieses Vorurteil, das in seiner philosophischeren und respektableren Form auf Descartes zurückgeht, ist Teil der Tradition des westlichen Rationalismus und ist dem verhaftet, was Gilbert Ryle polemisch als den »Mythos des Intellektualismus« bezeichnet hat. Dieses Vorurteil bewertet den rationalen und intellektuellen Teil des Geistes zu hoch und hat zur Folge, daß die Emotionen zu gering bewertet oder zu Unrecht gar als unnütze Nebenprodukte betrachtet werden, die man lieber unterdrücken sollte.

Gehen wir jetzt kurz auf die Emotionen ein. Das Thema ist nicht neu, aber die Psychologie hat erst vor etwa zwanzig Jahren damit begonnen, es gründlich und systematisch zu erforschen, so daß wir erst seit kurzer Zeit genauere Vorstellungen über die Bedeutung der Gefühle haben.

In der gängigen Kultur (und ein Teil davon ist wiederum die naive Psychologie) verbindet man mit den Gefühlen ganz selbstverständlich zwei typische Eigenschaften: Gefühle sind erstens eine »innere« und im wesentlichen private Angelegenheit eines jeden, und zweitens bringt es eher Nachteile als Vorteile, wenn sie offen gezeigt werden.

Daß es sich ganz anders verhält, läßt sich unschwer beweisen.

Beginnen wir mit der Angst, an die wir oft als erstes denken, wenn von Gefühlen die Rede ist, obwohl sie nicht die typischste Emotion ist. Niemand will gern ängstlich sein. Aber wie für alle Gefühle gilt auch für die Angst, daß sie eine Funktion hat: Sie ist nichts anderes als die normale Alarmreaktion, die auf die Wahrnehmung einer möglichen, noch nicht genau identifizierten Bedrohung erfolgt, und das ist auch gut so. Die einfachste Form der Angst ist der plötzliche Schreck, der uns erfaßt, wenn wir den Halt verlieren und zu stürzen drohen. Bei einem Tier, das in seinem Bau ruht, ruft ein plötzliches Geräusch eine Aktivierungsreaktion hervor – und dabei handelt es sich immer um Angst –, die ihm hilft, die Art des Geräuschs zu erkennen und eine Angriffs- oder Fluchtreaktion vorzubereiten.

Im Unterschied zur Angst bezieht sich die Furcht auf eine identifizierte Gefahr. Man hat Angst auf unspezifische Weise, aber man fürchtet sich beispielsweise vor Gespenstern.

Angst wird begleitet von einer Mobilisierung der Verteidigungsmechanismen des Organismus und äußert sich, wenn sie länger als einige Sekunden andauert, in dem Drang, die Umgebung zu erkunden. Der Ängstliche ist unruhig, er hat das Bedürfnis zu sehen und zu verstehen, er ist mißtrauisch und will wissen, was vorgeht. Hier stellt sich sofort die fundamentale Frage, ob diejenigen im Vorteil sind, die *zuviel* Angst empfinden, oder diejenigen, die *zuwenig ängstlich* sind. Die Antwort ist nicht so klar, wie man vielleicht meinen könnte. Ängstliche leiden bekanntlich unter ihrer Angst, nicht selten müssen sie sich deshalb sogar behandeln lassen, während Furchtlose glauben, es gehe ihnen ausgezeichnet: Wahrscheinlich aber sind diejenigen, die keine Angst haben, schlechter dran als die Ängstlichen, denn möglicherweise kostet es sie das Leben, wenn sie nicht mit der angemessenen Angst auf mögliche Gefahren reagieren können, z. B. am Steuer eines mit Höchstgeschwindigkeit fahrenden Autos, oder wenn sie sich auf ungeschützten Geschlechtsverkehr einlassen oder sich an einem von Überschwemmung bedrohten Ort zum Schlafen niederlassen.[7]

Zu den Emotionen gehören neben Angst die freudige Erregung, Panik, Wut, Trauer, Bestürzung, das schmerzvolle Weinen, das Begehren in all seinen unmittelbaren Äußerungen, aber auch die Zärtlichkeit, die wir für ein Hundebaby oder ein kleines Kind verspüren. Emotionen erscheinen uns als sehr persönliche Erfahrungen, *tiefempfundene Erlebnisse*; wobei jedoch unschwer zu erkennen ist, daß sie zugleich auch physiologische Veränderungen sowie Verhaltensweisen sind.

Eine Tatsache, über die sich nicht jeder Gedanken macht, ist jedoch, daß Emotionen nicht nur der Reaktion auf spezielle Umstände, sondern auch der Kommunikation dienen. Viele Wissenschaftler sind heute sogar der Ansicht, daß Emotionen *vor allem* der Kommunikation dienen. Unsere Gefühle werden zwar von uns »empfunden« und mögen uns deshalb als etwas höchst Privates erscheinen: Tatsächlich aber werden sie (vielleicht sogar hauptsächlich) von anderen wahrgenommen: Sie *informieren*. Die wechselseitige Kommunikation zwischen Mutter und Säugling zum Beispiel läuft über Emotionen ab und ist eine höchst vielfältige und verbindliche Kommunikation. Und wenn wir als Erwachsene plötzlich in eine besondere und unerwartete Situation geraten (das gilt nicht nur für Gefahrensituationen, sondern auch für erotische Begegnungen), dann ist die über kaum wahrnehmbare Gesten, verengte Pupillen, Gerüche, beschleunigte Atmung, Erbleichen und Erröten und schwellendes Gewebe ablaufende emotionale Kommunikation viel rascher und mitreißender und zudem, was nicht unerheblich ist, auch ehrlicher als verbale Kommunikation.

(Nebenbei bemerkt, ist emotionale Kommunikation also von stark pragmatischem und geringem semantischem Gehalt; mit anderen Worten: sie beeinflußt wirksam das Verhalten, überträgt aber eine geringe Menge an Information. Verbale Kommunikation dagegen ist stark informativ und wenig verbindlich.)

Was Gefühle genau sind, ist freilich schwer zu sagen. Zunächst ist sogar anzuzweifeln, ob sie überhaupt »etwas« sind, und es stimmt auch nicht, daß sie sich genau auflisten lassen. Dennoch entdecken wir an ihnen immer neue Aspekte, sofern wir eine x-beliebige Gefühlssituation ohne Scheuklappen zu untersuchen wissen. Nehmen wir einen einfachen Fall: unseren Hund, wenn er gemerkt hat, daß wir gleich mit ihm »Gassi gehen« werden. Er wird ganz und gar von einer Emotion erfaßt, daran besteht kein Zweifel, denn er ist kaum zu bändigen in seiner freudigen Erregung. Dieser Gefühlszustand hat vermutlich mehrere Funktionen. Es handelt sich um eine auf die Aktion (also auf die nachfolgende »energetische Entladung« beim Erkunden von Straßen und Wiesen) vorbereitende Verhaltensweise, und zugleich um ein offensichtlich sehr wirkungsvolles Mittel, uns etwas mitzuteilen und uns dazu zu bringen, mit ihm loszulaufen, und vielleicht ist es auch eine nicht sehr überlegte, »unmittelbare«, kurzum sehr hündische Art und Weise, sich selber etwas zu sagen. Ein Gedanke wie der letztere erweist sich jedoch schon als fragwürdiger und schwer faßbar.

Verallgemeinernd können wir unter anderem folgendes feststellen: Unser Hund produziert außer einer Reihe (»äußerlicher«) Verhaltensweisen auch eine Skala höchst persönlicher »innerer« Gemütszustände. Er hat also in gewisser Weise eine eigene Subjektivität, eine ihm eigene Art des Fühlens, des emotionalen »Erlebens«. Wir können uns nicht in seine Psyche hineinversetzen, können also nicht fühlen, was er fühlt, aber wir liegen höchstwahrscheinlich nicht falsch, wenn wir sagen, daß wir ihn mal zufrieden und ein andermal betrübt und niedergeschlagen etc. sehen.[8]

5. Und die Subjektivität?

Manche moderne Einführungen in die Psychologie beginnen mit der Behauptung, die Humanpsychologie befasse sich ebenso wie die Tierpsychologie mit Verhaltensweisen und »Subjektivitäten«. Noch vor wenigen Jahrzehnten wurde die Subjektivität dagegen lieber ignoriert, und entsprechende Texte, vor allem amerikanische, begannen mit der Aussage, die Psychologie sei einfach die Wissenschaft des Verhaltens.[9]

Heute steht das Thema der Subjektivität, also des »Fühlens« (aber auch des Denkens, Träumens etc.) zu Recht wieder hoch im Kurs; schließlich handelt es sich um das klassischste und älteste Thema der Psychologie. Wie wir gleich noch besser verstehen werden, ist es nichts mehr und nichts weniger als das Problem des Geistes.

In den Simplifizierungen der Laienpsychologie erscheint der Begriff der Subjektivität (ebenso wie ein anderer, mit ihm verwandter Begriff, nämlich der des Bewußtseins) als etwas »Gegebenes«, Klares und Offenkundiges. Bei genauerer Betrachtung entdeckt man jedoch, daß die Dinge nicht ganz so einfach sind. Was ist zum Beispiel die Subjektivität bei einem Tier? Hat unser Hund seinen Gemütszustand subjektiv »bemerkt«? Und was heißt, »er hat ihn bemerkt«?

Hier ist etwas Wichtiges klarzustellen. Wir bemerken das Vorhandensein von Gemütszuständen, weil wir uns nicht nur daran erinnern, sondern auch darüber reflektieren. Vor allem aber ordnen wir sie in einen besonderen »Raum« ein, eine Art Innenwelt, die unsere Erfahrungswelt ist. Fast immer gelingt es uns, diesen inneren Raum, also den Raum des Geistes, einigermaßen klar von zwei anderen Arten von Räumen zu trennen, die im Gegensatz zu ersterem real und meßbar sind: dem Raum des Körperinneren als das, was sich innerhalb der Grenzen unserer Haut befindet, und den außerhalb der Person liegenden Raum der Welt. Mitunter jedoch trennen wir diese drei Räume nur unvollständig voneinander ab, z. B. wenn wir nicht genau zu sagen wissen, ob ein anhaltender Pfeifton aus unserem Kopf oder aus der Außenwelt kommt, oder wenn wir uns nicht erinnern, ob wir ein Detail einer Szene in Wirklichkeit gesehen haben oder nur in der Vorstellung; oder wenn wir Angst als durchaus physischen Druck in der Brust spüren; oder auch, ganz typisch, in jenem pathologischen Zustand, der als Schizophrenie bezeichnet wird.[10]

Viele Menschen, die schriftlosen Kulturen angehören, haben gewisse Schwierigkeiten, die Existenz einer »inneren« oder mentalen Welt begrifflich zu fassen.

Den inneren Raum können wir als »Raum der Subjektivität« bezeichnen. Diesem »mentalen« Raum, also der Welt der Psyche, ordnen wir Gedanken, Erinnerungen, Überlegungen, angenehme und unangenehme Empfindungen, Träume, Phantasien, Gefühle und Hoffnungen zu.

In seinen mehr (ich-)bewußten Aspekten gesehen, wird dieser Raum auch als phänomenologischer Raum oder Bereich der Bewußtseinsinhalte bezeichnet.

Darüber hinaus glaubt man heute – seit Freud – auch noch von einem anderen, sozusagen an den ersteren angrenzenden mentalen Raum sprechen zu können, der für das Bewußtsein jedoch unzugänglich ist und als Unbewußtes bezeichnet wird. Dabei ist aber von nicht geringer Bedeutung, daß Freuds Begriff des Unbewußten »im Unterschied« zu einem von Freud als »gegeben« und evident angenommenen Bewußtseinsbegriff (und ihm in mancher Hinsicht als untergeordnet) definiert wird. Wie alle psychoanalytischen Ideen werden die verschiedenen Aspekte des Unbewußten von Freud in ständigem Bezug auf die intuitive Psychologie oder Alltagspsychologie dargestellt und erklärt, und diese ist eine Psychologie des Bewußtseins. Das Bild hat sich gewandelt, seit die moderne wissenschaftliche Psychologie, wie wir noch sehen werden, den intuitiven Bewußtseinsbegriff in Frage gestellt und schließlich im wesentlichen zerschlagen hat.

Die Möglichkeit, unseren mentalen (bewußten) Raum zu »fassen«, beruht auf der elementaren Tatsache, daß wir die Fähigkeit haben, nicht nur die Außenwelt, sondern auch uns selbst zum Gegenstand unserer Aufmerksamkeit zu machen. Dies geschieht auf zwei Ebenen und, im Fall des Kindes, in zwei Phasen. Zunächst einmal überprüfen wir (oder um einen vielleicht klareren Ausdruck zu verwenden, *überwachen wir*) unseren Körper und dessen Bewegungen, und auf dieser Grundlage wird uns bewußt, daß wir einen »eigenen« Körper haben, den wir als solchen kennenlernen. Auf ähnliche, wenn auch schon komplexere Weise werden wir dann fähig, unser Fühlen und Denken zum Gegenstand zu nehmen, und können auf diese Weise die »innere« Welt der Subjektivität analysieren.

Gilt nun das gleiche auch für den Hund? Nein, wahrscheinlich besitzt der Hund diese Fähigkeit nicht. Wir können also die folgende, freilich etwas seltsam klingende Hypothese formulieren: Er hat sicherlich Gefühlszustände, aber er weiß es wahrscheinlich nicht.[11]

Genau das gleiche gilt auch für ein Kleinkind. Das Neugeborene und der Säugling wissen nämlich nicht, daß sie »sind«. Gleich nach der Geburt vollbringt dieses zarte kleine Wesen unauffällig und ohne es zu wissen außergewöhnliche und Tag für Tag komplexere Dinge: Es lernt, unterscheidet, sieht voraus und verallgemeinert. In den ersten Lebensmonaten ist der Säugling wach und aufmerksam und hat doch kein Bewußtsein seiner selbst. Er schaut umher, aber er weiß nicht, daß er Augen hat, er hört, ohne zu wissen, daß er Ohren hat, er weiß noch nicht, daß diese winzigen, sich so seltsam bewegenden Händchen zu ihm gehören, er sieht die Dinge um sich herum, aber er weiß nicht, daß es im Zentrum seiner subjektiven Welt einen Körper gibt, der auf ganz und gar einzigartige Weise *der seine* ist, und natürlich begreift er nicht, daß es so etwas wie ein handelndes und sehendes Subjekt gibt, nämlich ihn selbst. Und er fühlt sich natürlich weder *hier* noch *dort* noch mit anderen *zusammen*, weil er weit davon entfernt ist, den Sinn dieser Begriffe zu erfassen. Dort in der Welt (wir sagen: in »seiner« Welt) ist alles Gegenstand. Auch später noch, bis nach dem ersten Lebensjahr, ist sich das Kleinkind seines Körpers noch weitgehend nicht bewußt, obwohl es ihn allmählich kennenlernt, und es gibt klug ausgedachte Experimente, die uns das beweisen: Zum Beispiel glaubt ein Kleinkind, das sich im Spiegel sieht, es habe ein anderes Kind vor sich. Erst mit etwa achtzehn Monaten hat sich das Kind seinen Körper als eigenen, als *seinen eigenen* Körper angeeignet und versteht nun auch, daß es bei dem, was es tut, ein materielles handelndes Wesen gibt, und daß dieses agierende Subjekt es selbst ist; an diesem Punkt ist es aber noch weit davon entfernt, sich bewußt zu sein, daß es eine innere Welt des Geistes gibt, und wenn es z. B. träumt, dann sind seine Träume noch objektive, sich in der Außenwelt ereignende Geschehnisse.[12]

Ein ganz ähnliches Problem gibt es sogar noch beim Erwachsenen. Bis zu welchem Grad sind wir uns wirklich unser selbst bewußt? Ist uns immer ganz klar, daß wir unsere Träume selbst produzieren, daß sie also in unserer mentalen Welt entstehen, oder neigen wir nicht auch manchmal dazu, wie ein zweijähriges Kind zu glauben, die uns im Traum erschienene verstorbene Großmutter habe uns höchstpersönlich aufgesucht?

Damit kommen wir wieder auf die Emotionen zurück. Wir sind uns unserer Gemütszustände ebenso wie unserer Empfindungen nicht immer bewußt. So kommt es z. B. vor, daß wir den Tag schlechtgelaunt begonnen haben, ohne uns dessen in irgendeiner Weise bewußt zu sein; unseren Mitmenschen dagegen entgeht es nicht, und sie machen uns darauf aufmerksam, indem sie uns zu verstehen geben, daß wir heute reizbarer und unfreundlicher sind als sonst. Das gleiche gilt, wenn auch in weniger ausgeprägter Form, für die gute Laune. Tatsächlich bemerken wir unser Hochgefühl, noch bevor wir es innerlich »spüren«, zunächst einmal von außen, indem wir unser Verhalten genauso betrachten, wie es schon die anderen gesehen haben, und erst jetzt entdecken wir, daß wir nicht deshalb gutgelaunt sind, weil wir unsere Laune unmittelbar »spüren«, sondern nur deshalb, weil wir merken, daß wir ein Liedchen vor uns hinsummen, uns lebhaft bewegen und angenehme Pläne geschmiedet haben. Wir haben durch unser Verhalten den anderen und schließlich auch uns selbst etwas mitgeteilt; das bedeutet aber, daß wir uns unseres Gemütszustands nicht *direkt* bewußt waren.

Gefühl ist also weniger »innerlich«, als wir zu glauben gewohnt sind: Es ist von außen gut erkennbar, wohingegen wir »von innen«, in unserer Subjektivität, gewisse Schwierigkeiten haben können, sein Vorhandensein zu bemerken. Auch in diesem Fall stellen wir also fest, daß die naivste Seite der Alltagspsychologie uns dazu ermutigt, hinsichtlich unserer Selbstbeherrschung an einigen Täuschungen festzuhalten.[13]

6. Wissen und Kontrolle

Wie wir festgestellt haben, gibt es in bezug auf die Emotionen verbreitete Vorurteile, die mit dem Bedürfnis zusammenhängen, sie unter Kontrolle zu halten: Emotionen beunruhigen uns, weil sie sich unserer Rationalität entziehen. Und so wenden wir uns an den Psychologen und verlangen von ihm, daß er uns hilft, unsere Gefühle zu disziplinieren, und die Antwort lautet dann oft, daß dies gar nicht das Problem sei.

Oder besser gesagt, der Psychologe erklärt uns, daß sich nichts verändern läßt, wenn man nicht zunächst einmal versteht, was man verlangt. Er tut damit nur, was der Orientierung seines Fachs entspricht, denn die Psychologie will im allgemeinen verstehen. Damit kommen wir zu einem weiteren wichtigen Punkt. Nach landläufiger Meinung hat die Psychologie den eminent praktischen Zweck zu manipulieren oder zu reparieren, und es wird gemeinhin angenommen, psychologische Theorien dienten dazu, zu kontrollieren, zu lenken, zu beherrschen (die Gefühle zum Beispiel) oder zu heilen. In Wirklichkeit liegen die Dinge jedoch ganz anders. Nur ein geringer Teil der Psychologie hat praktische Ziele, und nur ganz am Rande geht es in der Psychologie darum zu kontrollieren, zu verändern, zu heilen oder das Verhalten zu verbessern. Der überwiegende Teil dieser Disziplin befaßt sich vielmehr damit zu beschreiben, zu analysieren, zu erklären. Bevor die Psychologie die Wirklichkeit verändert, will sie wissen, wie diese beschaffen ist.

Dagegen ließe sich natürlich einwenden, daß jedes Wissen schon an sich ein Kontrollieren oder gar Manipulieren ist. Dennoch besteht diese Unterscheidung, und sie muß auch beibehalten werden. Es handelt sich dabei um eine ganz klare methodische Entscheidung, die darin besteht, daß man sich *zunächst* fragt, wie die uns interessierenden Dinge funktionieren, und erst *danach*, wie man sie *gegebenenfalls* verändern könnte. Diese Entscheidung betrifft alle Wissenschaften, und sie ist die grundlegende Orientierung wissenschaftlicher Haltung ganz allgemein. Im Fall der Psychologie jedoch ergeben sich daraus besondere Konsequenzen. Auch dieses Thema wollen wir noch anschneiden, bevor wir die erste Lektion abschließen.

Die Ethik, in der es bekanntlich darum geht, wie man »sein soll«, beschäftigt sich mit dem moralischen Verhalten und mit allem, was mit Tugend, Sünde, Verantwortung und Schuld zu tun hat. Jahrhundertelang war diese Thematik das Arbeitsfeld von Philosophen und Theologen und wurde rein spekulativ, »vom grünen Tisch aus« erforscht. In der Vergangenheit ging die Philosophie von der Hypothese aus, daß Moralität, Kooperation und Altruismus ausschließlich mit den reifen Aspekten des erwachsenen Bewußtseins zusammenhängen. Die Problematik des tugendhaften oder lasterhaften, lobens- oder verdammenswerten, prosozialen oder antisozialen Verhaltens galt als eine Dimension, die weder mit dem Körper noch mit der Kindheit, noch mit der Natur oder den Trieben etwas zu tun hatte, sondern nur die edelsten Seiten des menschlichen Daseins betraf. Dieser Tradition zufolge hängt Ethik also von Entscheidungen bzw. (religiösen oder zivilen) Optionen ab, die kulturell »hochstehend« und »grundsätzlich« sind.

Fragen der Ethik wurden also gern *en bloc* ins Reich der Ideen projiziert. Diese Vorgehensweise hatte nicht unerhebliche Folgen. Nichts wurde je »von unten« gesehen oder konkret erforscht. Man untersuchte nie, wie lebendige Menschen in ihrem Lebensalltag mit dem Problem ihrer moralischen Entscheidungen umgehen.

Auf diese Weise wurde die Untersuchung dessen, was man gemeinhin unter Ethik (oder Moral oder Pflicht) versteht, in manchmal wahrhaft verwirrender Art und Weise mit dem verquickt, was wir *gern* als Moral, Tugend, Pflicht, das Gute usw. *haben würden*.

Noch heute finden bisweilen Ethikkongresse statt, zu denen ausschließlich Philosophen, Literaten und Theologen geladen werden. Die Organisatoren kommen gar nicht auf die Idee, daß auch Psychologen, Soziologen oder Ethnologen interessante Beiträge zum Thema leisten könnten.

In Wirklichkeit hat die Psychologie zum Thema Ethik sehr viel zu sagen. Auch hier nimmt der Psychologe die für ihn typische Haltung ein: Er weist nämlich – in vielleicht etwas pedantischer Weise – darauf hin, daß wir erst einmal verstehen sollten, was wir tun, bevor wir herauszufinden versuchen, was wir tun *sollten*. Er hält also, mit anderen Worten, die Frage für berechtigt, wie sich altruistisch-kooperatives bzw. nicht kooperatives, gemeinhin als »gut und großzügig« oder im Gegenteil als »schlecht« bezeichnetes Verhalten präsentiert und wie es untersucht werden kann. Er weist uns darauf hin, daß das, was wir heute unter Egoismus bzw. Altruismus oder unter dem Gegensatzpaar Zusammenarbeit–Verrat verstehen, bereits existiert hat, *bevor* Gebote und Gesetze erlassen wurden und Philosophen und Moralisten sich mit deren Auslegung beschäftigten. Es gab sie mit Sicherheit beispielsweise in primitiven und sogar in *sehr* primitiven menschlichen Gesellschaften, den Vorläufern der Zivilisationen, wie wir sie heute kennen; und es gibt sie nachweislich sogar in Tiergesellschaften.

Der Psychologe fragt sich also, auf welchem Wege Verhaltensweisen entstehen, die wir übereinstimmend als »moralisch« (bzw. unmoralisch) einstufen, aber er gibt sich damit noch nicht zufrieden, sondern fragt sich weiter, wie es dazu kommt, daß sich in unseren Köpfen *Urteile* über diese Verhaltensweisen bilden. Und an diesem Punkt wird er sich vielleicht auch nicht davon abhalten lassen, die Kategorien, auf die sich Moralisten und Philosophen traditionell berufen, zu »hinterfragen« oder einer »Analyse zu unterziehen«. Er würde sich z. B. fragen, welche

Funktionen abstrakte Begriffe wie »das Gute« oder »das Böse« im allgemeinen haben, und er würde versuchen herauszufinden, welche Rolle sie bei der Kindererziehung und in den Predigten von Priestern und Pfarrern spielen.

Weiter würde er sich fragen, wieso wir uns im Lauf der Jahrhunderte in Fragen der Moral nicht nur Abstraktionen, sondern sogar auch Entifizierungen konstruiert haben (das bedeutet so viel wie die willkürliche Umwandlung einer Qualität – oder auch eines Wertes – in eine Entität oder vereinfacht ausgedrückt in ein Ding). Sehen wir uns einmal Ausdrücke an wie »Moralgefühl«, »Leidenschaften«, »Bewußtsein«, »Willen«, »Triebe«. Diese traditionellen Begriffe bezeichnen wichtige Qualitäten unseres Handelns, vielleicht sogar für moralisch gehaltene Qualitäten (bzw. im Ruch des Unmoralischen stehende wie die Triebe): Nichts jedoch weist darauf hin, daß es sich um reale Gegebenheiten handelt. Die Angelegenheit ist durchaus nicht ohne Belang. Die naive Psychologie sitzt hier einem logischen Irrtum auf, den als erster der geniale Molière aufgezeigt haben soll. In seinem Eingebildeten Kranken (1673) macht sich Molière nämlich über eine seiner Figuren lustig, die erklärt, Opium mache schläfrig, weil es die Schlaftugend enthalte. Daß die Schlaftugend etwas Nichtexistentes ist, liegt auf der Hand, doch lange Zeit schien es legitim, mit genau dieser Argumentationsweise Aggressivität als Erklärung für aggressives Verhalten, Liebe für verliebtes und die Leidenschaften für leidenschaftliches Verhalten heranzuziehen. Sei es aus Tradition, sei es aufgrund irgendeiner mentalen Täuschung sah es so aus, als kläre diese Art Diskurs irgend etwas, und ohne weiter darüber nachzudenken, nahm man als gegeben an, daß Aggressivität, Liebe und Leidenschaften Entitäten, Essenzen, irgendeine Art von Fluidum oder Energie seien.

In diesem Zusammenhang erforscht der Psychologe von heute auch noch ein letztes Thema. Er fragt sich, aus welchem Grund es uns allen so schwerfällt zu akzeptieren, daß unsere Neigungen, ob tugendhaft oder schlecht, sehr stark von unserer biographischen Vergangenheit, also von unserer Kindheit beeinflußt sind, aber auch auf unsere phylogenetische Vergangenheit zurückgehen, d. h. auf die Zeit, als wir von viel kleinerer Statur und weit weniger intelligent waren als heute und in Horden durch die afrikanische Savanne zogen.

7. Kooperatives Verhalten und andere soziale Tugenden

Wir müssen also etwas Zeit darauf verwenden zu verstehen, wie die Realität aussieht, die uns interessiert. Nehmen wir uns noch einmal kurz das Thema der Kooperation vor, das vielleicht das grundlegendste Problem in dem vorhin erwähnten Bereich der Ethik ist. Kooperation in ihren Grundformen wird heute sowohl von Psychologen als auch von Soziologen und Wirtschaftswissenschaftlern eingehend erforscht. Die wichtigste Feststellung ist, daß Kooperation weder etwas Künstliches noch ein Kulturprodukt ist. Gegenseitige Hilfeleistung hat nämlich eine *natürliche*, also spontane Grundlage. Dies geht nicht nur aus Studien an Tieren und Kindern, sondern auch aus einigen Untersuchungen an erwachsenen Menschen hervor.[14]

Demnach stimmt es nicht, daß ein Kind nur deshalb lernt, »gut zu sein« (also zu kooperieren), weil ihm, während es heranwächst, eine Erziehung zuteil wird, die seine triebhaft wilde Natur zivilisiert. So nämlich lautete das für die vordarwinistische Ideologie typische Vorurteil; und es muß noch einmal darauf hingewiesen werden, wie stark sich unsere heutige Denkweise im Vergleich zu früher geändert hat. Noch im ganzen 19. Jahrhundert wurden Kleinkinder als prähumane Wesen gesehen, die keine oder nur eine formlose Psyche besitzen: als Kreaturen, die ohne wirkliches Seelenleben sind, bis ihr Geist von der Erziehung und vom Bewußtsein befruchtet wird. Kindern wurde keinerlei wissenschaftliches Interesse entgegengebracht, und man hielt es nicht einmal für sinnvoll, ihre normalen Entwicklungsstadien zu erforschen: Nicht zufällig war Darwin der erste, der Stift und Papier nahm, um die Daten und Phasen des Erwerbs der psychomotorischen Fähigkeiten in den ersten Lebensjahren zu notieren. Noch lange nach Darwin jedoch sprach man der Welt des Kindes, nicht anders als der Tierwelt, jegliche Intelligenz und Sensibilität ab und nahm sie gern als amoralisch, wenn nicht als egoistisch und pervers wahr. Das pessimistische Motto *Homo homini lupus* sollte die Grundnatur des Menschen und zugleich auch der Tiere kennzeichnen. Heute jedoch wissen wir viel mehr nicht nur über Kinder, sondern auch über Tiere. Deren unzählige Formen der Kooperation, angefangen bei den Ameisen und Bienen über die Vögel bis hin zu sozialen Säugetieren wie Affen und Wölfen, sind heute wohlbekannt, damals jedoch wurden sie gar nicht wahrgenommen oder allenfalls als rühmliche Ausnahmen gesehen, denen man romantische Bewunderung zollte.

Im zwanzigsten Jahrhundert und vor allem in den letzten Jahrzehnten hat sich unsere Sichtweise in all diesen Fragen radikal gewandelt. So haben Erzieher und Psychologen erkannt, daß das Kleinkind aktiv danach strebt, sich der sozialen Kooperation anzupassen. Wir wissen heute, daß von Geburt an ein überwiegender Teil der Intelligenz für den allgemeinen Prozeß des Erwerbs von *sozialer Kompetenz* in Anspruch genommen wird; und wir wissen, daß eben dieser Prozeß auch dem Aufbau einer Reihe von Kriterien zur Unterscheidung von Freund und Feind, Gut und Böse, nützlichem und zu vermeidendem Verhalten dient. Ein Großteil des Interesses, das Kinder für Märchen hegen, rührt von ihrem Bedürfnis her, dieses kognitive Projekt, also das spontane Projekt der Konstruktion einer Ethik, in prototypischen Beispielen zu verankern.

Psychologen wissen darüber hinaus, daß auch die Kooperation zwischen Erwachsenen nicht allein auf Konventionen beruht und auch nicht rein kulturell bedingt ist. So ist z. B. zu beobachten, daß Kooperation – wenn auch nur teilweise – mit einem besonderen Phänomen, nämlich dem Altruismus, zusammenhängt. (Als »altruistisch« wird ein Verhalten definiert, das für denjenigen, von dem es ausgeht, nachteilig, für ein anderes Individuum aber von Vorteil ist.) Soziale Kooperation zwischen Menschen basiert z. B. auf bestimmten spontanen Modalitäten altruistischer Beziehungen wie zum Beispiel der »elterlichen« Fürsorge für Kinder und Hilflose. Die karitative Empathie oder, wenn man so will, die Zärtlichkeit, die uns veranlaßt, kleinen, bedürftigen und wehrlosen Wesen unsere Zuwendung und Hilfe zu geben, ist eine in allen menschlichen Wesen vorhandene spontane Emotion. Es handelt sich dabei also nicht um ein Produkt der Zivilisation oder der christlichen Religion, wie die Europäer in früheren Jahrhunderten glaubten, als sie überzeugt waren, daß bei den Wilden solche Empfindungen nicht zu finden seien.

Das Problem des Altruismus in der Tierwelt war übrigens eins der faszinierendsten Themen der psychologischen Forschung zwischen den sechziger und achtziger Jahren. Man hat herausgefunden, daß es – sehr genaue – Gesetze gibt, die den

Altruismus zwischen blutsverwandten, besser gesagt zwischen genetisch verwandten Tieren regeln, und ganz andere, aber ebenso präzise Gesetze, nach denen sich die zahlreichen, wohldokumentierten Fälle von systematischem Altruismus unter nicht verwandten Tieren abspielen.

Der erste Typus von Altruismus beruht – einfach ausgedrückt – auf dem Interesse, das eigene Erbgut zu reproduzieren, der zweite auf der Erwartung von Gegenseitigkeit. Diese hängt wiederum mit dem Verhältnis zwischen den Risiken und dem Nutzen zusammen, die jeweils mit dem »Verrat übenden« bzw. »vertrauensvollen« Verhalten des Nutznießers verbunden sind.[15]

Wir sind keine Tiere, aber wir wissen eines mit absoluter Gewißheit, nämlich daß die historisch bedingten gesellschaftlichen Konventionen, von denen unser Erwachsenenleben geregelt wird, nicht von jedem von uns absorbiert werden, als wären wir beliebig formbares Wachs, sondern daß sie mit natürlichen psychologischen Dispositionen zusammentreffen. Das Vorhandensein solcher naturgegebener Dispositionen ist beim Kind ganz offenkundig, aber sie sind auch erkennbar, wenn man die Übergänge zwischen den am höchsten entwickelten Tiergesellschaften und der menschlichen Gesellschaft untersucht, oder auch beim Vergleich zwischen verschiedenen menschlichen Kulturen und Zivilisationen und schließlich auch in bestimmten experimentellen, interpersonellen Interaktionssituationen, denen wir uns als *dieser* Gesellschaft angehörende erwachsene Individuen unterziehen können.

Viele dieser experimentellen Situationen gehen auf das mittlerweile allgemein bekannte »Gefangenendilemma« zurück, ein faszinierendes formales Modell, das eine wichtige Grundlage der heutigen Studien über loyales Verhalten darstellt.

Insgesamt haben diese Forschungen, die nicht ohne bedeutende Folgen für das Verständnis der menschlichen Gesellschaft sind, die traditionelle Thematik der Ethik verändert. Der Beitrag der Psychologie besteht dabei nicht nur darin, daß sie das ethische Problem oder die Frage, »wie man sein soll«, aus einem rein spekulativen oder metaphysischen Terrain herausholt und es – wenn auch ohne es zu lösen – in einen Kontext wissenschaftlicher Forschung stellt; sondern auch darin, daß sie ganz klar unterscheidet zwischen der (beschreibenden) Erforschung, wie »die Dinge sind«, und der (normativen) Untersuchung, wie wir »sie gern hätten«.

Um das gleiche Thema geht es auch bei der Frage, wie man mit den Problemen der Verhaltensänderung und der Störungen des psychischen Lebens umgehen soll. Im Bereich der psychischen Störungen, der Verhaltensstörungen und der Lebensprobleme räumen die Wissenschaftler normalerweise der Beurteilung des Problems, also dem Erkennen, »wie die Dinge sind« (worin z. B. eine psychische Störung besteht), weit mehr Platz ein als den Methoden zur Minderung des Leidens. Auch auf der klinischen und empirischen Ebene ist Fall für Fall festzustellen, daß angesichts eines Menschen, der sich in Schwierigkeiten befindet, die Frage der »Bewertung« seines speziellen Falles (oder der Diagnose – was fast dasselbe ist) auf jeden Fall Vorrang hat vor dem im allgemeinen weniger komplexen Problem der Therapie.

Dazu ist außerdem zu sagen, daß generelle Normalitätsideale, universelle Ziele, die es zu erreichen gelte, und allgemeingültige optimale Verhaltensmodelle heute zu Recht mit immer größerem Widerstreben vorgeschlagen werden.

Anders, als viele glauben, geht es auch im klinischen Bereich nicht vorwiegend darum, wie sich etwas »kontrollieren« läßt, und auch nicht, wie man »formen« oder »optimieren« kann, sondern in erster Linie darum, zu »verstehen«.

Zweite Lektion

DIE GEBURT DER MODERNEN PSYCHOLOGIE

1. Kisten auf dem Kai

Jeder, der sich mit etwas gutem Willen ans Studium der Psychologie macht, wird zunächst verwirrt sein angesichts der vielen verschiedenen Auffassungen, die es von dieser Disziplin gibt. Er wird sich vorkommen wie jemand, vor dem auf dem Hafenkai ein Riesenstapel Kisten abgeladen wurde mit Etiketten wie: »Behaviorismus«, »Psychoanalyse«, »Sozialpsychologie«, »Kognitionspsychologie«, »Tierpsychologie«, »Kinderpsychologie«, »Piaget«, »Jung«, »Wygotski« usw., die er alle nach Hause schleppen muß. Er weiß, daß jede mit Schriften und Lehrbüchern vollgepackt ist, und würde am liebsten voller Eifer darangehen, sich die darin enthaltenen Gedanken und Informationen anzueignen, ohne sich allzu viele Fragen zu stellen. Er sollte jedoch wenigstens wissen, woher das ganze Material eigentlich stammt, und sich fragen, wie, wo und vor wie langer Zeit es produziert wurde, von wem und mit welchen Absichten, und wie es hierhergelangt ist.

Wer Leitlinien finden will, um Ordnung in die große und unüberschaubar scheinende Vielfalt der Schulen und Richtungen zu bringen, die in dieser Disziplin gegenwärtig eine Rolle spielen, hält sich am besten an die Psychologiegeschichte, also an die hundertzwanzig Jahre seit der Entstehung der modernen Psychologie.[1]

Das ist aber gar nicht so einfach, denn die Geschichte der Psychologie ist kaum zu trennen von der Geschichte der abendländischen Kultur. Während die Geschichte der Geologie oder der Astronomie hauptsächlich Geschichte von Techniken und Entdeckungen ist, kann man sagen, daß die Geschichte der Psychologie zwar *auch* Geschichte von Techniken und Entdeckungen, aber *vorwiegend* doch Ideengeschichte ist. Und diese Ideen, so muß hinzugefügt werden, stehen nicht isoliert da, sondern sind Teil einer umfassenderen Erforschung der menschlichen Natur, an der die verschiedensten philosophischen Traditionen beteiligt waren und die im Lauf der Zeit immer wieder einschneidende und bisweilen sehr rasche Perspektivenänderungen erfahren hat.

Die Psychologiegeschichte bildet das Gerüst des psychologischen Wissens, über das wir verfügen. Wollen wir z. B. erfahren, was das Gebiet der Kognitionspsychologie, das zu den sich mit Informationsverarbeitung und mit Modellen befassenden »Kognitionswissenschaften« gehört, Interessantes zu bieten hat, werden wir uns viel schneller darin zurechtfinden, wenn wir die Kognitionspsychologie nicht ahistorisch betrachten, sondern wissen, wo und wann sie entstanden ist und weshalb sie seither von Kontroversen und Diskussionen begleitet wird. Und von der heutigen Psychoanalyse verstünden wir herzlich wenig, würden wir uns nicht dafür interessieren, auf welche Weise sie vor über hundert Jahren in der Kultur des späten 19. Jahrhunderts entstanden ist, von der Janet, Freud und Jung geprägt waren, um dann ihre Geschichte bis in die Gegenwart zu verfolgen.

Die verschiedenen Schulen und Orientierungen der heutigen Psychologie sind Teil der Entwicklung einiger sehr interessanter Fragestellungen im Lauf der Jahrzehnte. Auf den folgenden Seiten wollen wir versuchen, sie kurz zu umreißen.

2. Zwei Psychologien? Die Psychologie von unten gesehen und von oben gesehen

Den verbreitetsten psychologischen Abhandlungen zufolge sind die Grundfunktionen des Nervensystems die natürliche Basis der Psychologie und damit Ausgangspunkt für jede didaktische Darstellung. Allgemeine Einführungen in die Materie erläutern daher traditionell zuerst die Nervenzelle und wie sie funktioniert, dann die Spinalreflexe, als nächstes die bedingten Reflexe, die Wahrnehmung, das Gehirn und so weiter.

Anfänger haben andererseits oft den Eindruck, es bestünde eine Art Vakuum zwischen den so verstandenen Grundlagen der Psychologie und einer anderen, »höheren« und interessanteren Psychologie, in der es um die Komplexität des Lebensalltags geht, um die Ängste in der Welt von heute.

Und tatsächlich gab es lange Zeit und gibt es zum Teil auch heute noch in gewissem Sinne zwei Psychologien: die naturwissenschaftliche »Basispsychologie«, die auf der Erforschung des Nervensystems gründet und sich lieber mit Mäusen als mit Menschen zu befassen scheint, und die Psychologie des Bewußtseins und des Geistes, des Familien- und Gesellschaftslebens, der zwischenmenschlichen und affektiven Beziehungen. Die Geschichte der Psychologie kann in ihrer Gesamtheit als die Geschichte der Beziehungen und des zunehmenden Austauschs zwischen einer »elementaren« Psychologie (die zweifellos systematischer und wissenschaftlicher, aber auch trockener, begrenzter und pedantischer ist) und einer Psychologie der »Komplexität«, also des Bewußtseins und der Kultur betrachtet werden, die ungeordneter, kreativer und zuweilen anfechtbarer, aber auch eher praktisch anwendbar ist.

Da diese Psychologie der Komplexität eine Psychologie der menschlichen Alltagsprobleme ist, hängt sie in vielen ihrer Aspekte mit dem gesunden Menschenverstand, mit Introspektion und Intuition und mit der allgemeinen Mittelschichtkultur zusammen. Bei aller Komplexität ist sie oft in mancher Hinsicht leicht verständlich, da sie globale Phänomene intuitiv erfaßt. Sie hat also nicht wenige Berührungspunkte mit der naiven Psychologie, was gewiß eine ihrer Schwächen ist.

Es muß aber noch einmal gesagt werden, wie schwer sich diese ganze Materie systematisieren läßt. Die Psychologie als Ganzes oder besser gesagt das Ensemble der Unterdisziplinen, in die sie sich aufgliedert (wie z. B. die Physiopsychologie, die Tierpsychologie und die Ethologie, die Sozialpsychologie, Persönlichkeitspsychologie, Entwicklungspsychologie und die Psychologie des Lebenszyklus, die klinische Psychologie usw.) umfaßt eine große Bandbreite an Hypothesen. Oft besteht zwischen diesen Hypothesen kein fester Zusammenhang, und es muß hinzugefügt werden, daß einige von ihnen wohlfundiert und untermauert sind, andere dagegen viel weniger. Obschon auch die Psychologie in den letzten fünfzehn, zwanzig Jahren eine enorm rasche Entwicklung durchgemacht hat, waren ihr im zwanzigsten Jahrhundert insgesamt doch weniger Erfolge beschieden als anderen Wissenschaften wie der Biologie, der Medizin oder der Physik. Es gibt in der Psychologie bis heute viele offene Fragen, und sie steht als Wissenschaft immer noch auf recht schwachen Füßen.

Die Hauptgründe für diese Schwäche sind unschwer zu erkennen, und sie erklären auch, warum viele die »Basispsychologie« für unbefriedigend halten: Sie scheint – eben weil sie von den Nerven und Reflexen ausgeht – außerstande, über die rein biologische Ebene hinauszugelangen.

Tatsache ist, daß sich menschliches Verhalten, jedenfalls auf den ersten Blick, anscheinend nicht auf die allgemeinen Naturgesetze reduzieren läßt. Dazu ist zu sagen, daß nach Ansicht der Mehrheit der Psychologen eine solche Irreduzibilität, sollte es sie wirklich geben, viel weniger eindeutig und dramatisch ist, als es zunächst aussieht. Betrachtet man jedoch die wechselvolle und irrwitzige Geschichte der Menschheit oder auch nur den vielgestaltigen Roman, der die Biographie eines jeden von uns ist, dann kann man mit Fug und Recht zumindest folgendes behaupten: Der menschliche Geist ist als Produzent von Handlungen und Werten das Komplexeste, das es auf der Welt gibt. Und ist der Mensch komplex als Akteur objektiver Ereignisse – Lebensgeschichten und Völkergeschichten –, dann ist er es wohl erst recht in seiner inneren oder subjektiven Dimension. Das innere Erleben eines jeden, das grenzenlose Universum der Gefühle und der Phantasie, der scheinbar bodenlose Abgrund des mentalen Leben breitet sich über einen immateriellen Raum aus, der sich jedem Katalogisierungsversuch zu entziehen scheint.

Hinzu kommt, wie um all diese Überlegungen auf eine Art Abgrund zuzutreiben, noch ein methodischer Zweifel, denn daß der menschliche Geist sich selbst erforscht, *scheint* einen unüberwindlichen Widerspruch und mithin eine Grenze, vielleicht sogar eine Erkenntnisunmöglichkeit darzustellen.

Es scheint so, aber es ist nicht gesagt, daß dem wirklich so ist. Wie wir noch sehen werden, gibt es eine derartige Beschränkung wahrscheinlich nicht. Dennoch wird verständlich, daß wir angesichts der Komplexität der menschlichen Natur geneigt sind, das Studium der uns allzu mechanistisch erscheinenden physiologischen »Basispsychologie« als ungeeignet abzutun. Das bringt uns dazu, den Geist wieder aus der Perspektive des Idealismus zu betrachten, der das abendländische Denken seit Descartes bis mindestens zur Hälfte des 19. Jahrhunderts geprägt hat, und ihn somit als ein vorwiegend spirituelles Phänomen zu sehen.

3. Psychologen und Humanisten

Die Psychologie, so wie wir sie heute kennen, entstand um 1880 mit der Geburt der wissenschaftlichen Psychologie. Um diese Zeit wurden einige psychologische Phänomene wie die Sinnesempfindungen und das Gedächtnis zum ersten Mal Gegenstand experimenteller Laboruntersuchungen.

Ende des neunzehnten und auch noch im frühen zwanzigsten Jahrhundert verband man mit dem Vorhaben, die Psychologie als Wissenschaft zu etablieren, die Hoffnung, sie zu einer ebenso handfesten Disziplin wie die Physik oder die Chemie zu machen. Vorbild dafür sollten die traditionellen Naturwissenschaften sein. Man ging dabei von der Hypothese aus, daß das Nervensystem als eine Art großer Fabrik gesehen werden kann, die aus vielen ähnlichen Bausteinen oder besser gesagt aus vielen elementaren Mechanismen besteht und somit in ihren einfachsten bis hin zu den komplexesten Aspekten homogen ist. Durch die Erforschung der einzelnen Bausteine und der Struktur jedes einzelnen Mechanismus glaubte man schrittweise nicht nur der Struktur der Fabrik als Ganzem, sondern auch dem Wesen ihrer Produkte, also des Verhaltens, der Wahrnehmungen und des Denkens auf die Spur zu kommen.

In anderen Kulturbereichen bestanden freilich weiterhin

Zweifel und Vorbehalte gegen dieses Vorgehen. Diese Vorbehalte kamen aus jenem ideologischen Lager, das sich dem Gedanken einer Psychologie als einer exakten Wissenschaft von jeher entgegengestellt hatte: aus der großen Formation der antimaterialitischen Denker, die sowohl an geistigen als auch an kulturellen Fragestellungen interessiert waren.

Für die Vertreter einer spiritualistischen und vielleicht auch religiösen Auffassung der Psyche war diese der Seele gleichzusetzen. Daneben jedoch gab und gibt es noch heute andere, in gewisser Hinsicht demselben Lager zuzuordnende Kritiker der wissenschaftlichen Psychologie, die laizistischer und weniger spiritualistisch als erstere sind. Sie machten im Lauf des zwanzigsten Jahrhunderts sehr interessante Argumente geltend und konnten nach und nach ihren Standpunkt durchsetzen. Ihrer eher humanistischen als spiritualistisch-religiösen Sichtweise nach dürfen wir nicht den Fehler begehen zu glauben, daß Denken und Bewußtsein allein von den Gehirnfunktionen abhängen; und in der Tat kann man sich zu Recht fragen, ob Denken und Bewußtsein nicht in Zusammenhang mit der geschichtlichen Welt zu sehen sind, mit der Zivilisation, mit jenem kulturellen Universum, das letztlich den Menschen gegenüber den Tieren auszeichnet.

Diese Sichtweise ist heute in der Minderheit, aber keineswegs irrelevant. Man würde der modernen Psychologie Unrecht tun, wollte man nicht anerkennen, daß die Vielfalt ihrer Fragestellungen und ihr Interesse auch auf der Unterschiedlichkeit und manchmal sogar auf der Gegensätzlichkeit dieser Grundansätze beruhen.

Die Psychologen, die sich mit systematischer experimenteller Forschung beschäftigen, folgen vorwiegend der naturwissenschaftlichen Tradition und knüpfen damit an die Hypothese an, daß das, was wir als Geist bezeichnen, keineswegs die Seele ist, sondern ein Ensemble von Äußerungen, die ihre Erklärung eher im Gehirn als in der Zivilisation und in der Kultur finden. Eine materialistische Auffassung der mentalen Prozesse herrscht unter denjenigen vor, die in Labors und mit Computern und Statistiken arbeiten. Als Gegenposition und Abgrenzung zu dieser Einstellung findet sich heute auf der anderen Seite weniger eine spiritualistische und religiöse Konzeption als vielmehr die humanistische und kulturelle Auffassung des Geistes. Diese Position wird vor allem von den Psychologen vertreten, die sich weniger mit der reinen Forschung und mehr mit klinischen, sozialen und erzieherischen Problemen beschäftigen.

Natürlich besteht auch hier die Gefahr, daß man die wissenschaftliche Methode vernachlässigt und sich allzusehr auf den gesunden Menschenverstand beruft, mit allem, was er an Naivität beinhaltet: Nicht wenige Psychologen sind jedoch der Meinung, daß man dieses Risiko bewußt auf sich nehmen könne. Denn ihrer Ansicht nach begeht man weniger Fehler, wenn man die allzu hinderlichen, überkommenen Spiritualismen beiseiteräumt und die Verhaltensweisen in ihrer ganzen Komplexität und Globalität und auch in ihrer Geschichtlichkeit und ihrer Dimension als kulturelle Phänomene betrachtet, anstatt sie auf ihre biologischen Komponenten zu reduzieren. Geist, Denken und Bewußtsein werden aus dieser Perspektive nicht als innere Phänomene des Individuums gesehen, sondern als interindividuelle, kollektive und soziale Vorgänge.

Hauptvertreter einer solchen interpersonellen Kulturpsychologie sind seit den siebziger Jahren Kenneth Gergen, Rom Harré und Jerome Bruner.

4. Die operative oder praktisch-empirische Psychologie und ihre (teilweise) Überwindung

Seit Beginn des Jahrhunderts wird die oben dargestellte Gliederung in zwei Bereiche von einer weiteren Aufteilung überlagert: von der bereits angedeuteten Spaltung zwischen der wissenschaftlichen Psychologie (die meist mit der experimentellen Psychologie gleichgesetzt wird) und der »unmittelbar nützlichen«, praktisch-operativen Psychologie. Letztere wird oft – allerdings unzutreffend – als »angewandte Psychologie« bezeichnet. Der Grund für diese Spaltung ist diesmal eher praktisch als ideologisch.

Seitdem die Psychologen als Berufsstand existieren, werden sie – oft mit interessanten ökonomischen Verlockungen und Karriereversprechen – aufgefordert, ihren Beitrag in Bereichen wie der Industrie, dem Bildungswesen und dem Militär zu leisten, neurotischen Menschen Hilfe zu bringen oder Personen mit einem psychischen Leiden zu heilen. Um den an sie gestellten Anforderungen entsprechen zu können, mußten sie auf diesen Gebieten komplexe Hypothesen entwickeln. Derartige Hypothesen standen jedoch lange Zeit auf recht schwachen Füßen, da sie nicht hinreichend verifizierbar waren. Am deutlichsten war dies in zwei Bereichen der Fall: auf dem Gebiet der psychischen Leiden und auf dem der Kindererziehung. Diesen beiden könnte man als dritten praktisch-operativen Bereich noch die Sozial- und Arbeitspsychologie hinzufügen.

Einerseits reichten also auf diesen Gebieten gesunder Menschenverstand und Berufserfahrung nicht aus: Man mußte auch das Wagnis eingehen, allgemeine Theorien über die Funktion der affektiven Bindungen, über die Entwicklung der Intelligenz, die Ursachen psychischer Leiden usw. zu bilden. Andererseits jedoch war die methodischere und eher experimentell orientierte Psychologie noch weit davon entfernt, Datenmaterial liefern zu können, das gesichert genug war, um diesen Systematisierungsansprüchen zu genügen.

Die Folge davon war die Entstehung von Systemen – oder Gruppen – von Theorien, die in gewisser Weise provisorisch waren. Um sie zu bilden, zog man außer den wenigen, damals verfügbaren Grunddaten auch einige traditionelle Orientierungen heran wie die aus dem neunzehnten Jahrhundert stammenden Triebtheorien. Vor allem aber griff man auf die am solidesten scheinenden Aspekte der »Psychologie des gesunden Menschenverstands« zurück und benutzte sie als Bindeglied für eine Reihe von empirischen oder »handwerklichen« Beobachtungen und Erfahrungen, die sporadisch von dem einen oder anderen Autor im klinischen Bereich, in der Pädagogik oder der Arbeitsorganisation gemacht worden waren.

Diese Systeme oder Gruppen von provisorischen Theorien waren nicht ohne vorzügliche intuitive und innovative Aspekte. Sie waren jedoch sehr unpräzise und in manchen Punkten auch falsch. Die wichtigste dieser Gruppen von Theorien war die Psychoanalyse von Sigmund Freud, die in der Zeit zwischen 1920 und 1950 erheblichen Einfluß auf die Psychologie (vor allem in Nordamerika) ausübte, namentlich im Bereich der Motivationsforschung, der Erforschung der Neurosen, der Kindheit und des sozialen Lebens.

Doch bereits in den dreißiger und vierziger Jahren und immer rascher und entschiedener nach den fünfziger Jahren begann man nicht nur bei den Grundproblemen des Lernens und der Wahrnehmung und auch nicht mehr nur bei der Untersuchung von Labortieren, sondern auch auf einigen wichtigen Gebieten der Humanpsychologie systematische Forschungsmethoden anzuwenden. Als erstes, wie wir gleich sehen werden, in der Kinder- und in der Sozialpsychologie.

In der Kinderpsychologie konnte man seit den dreißiger Jahren dank der systematischen Erforschung der Lernstadien und ab den fünfziger Jahren dank der Entwicklung von ebenso klug ausgedachten wie harmlosen Versuchsmethoden, die sich auf Kleinkinder anwenden ließen, innerhalb kurzer Zeit eine Menge neuer Daten sammeln. Dies zog eine radikale Revision von noch im 19. Jahrhundert wurzelnden Auffassungen nach sich. So stellte sich zum Beispiel heraus, daß die Beziehungsfähigkeit und die Lernfähigkeit von Säuglingen in den ersten Lebensmonaten viel größer sind, als man glaubte. Oder man entdeckte, daß die Bedürfnisse nach Kontakt und Beziehung etwas Primäres sind und gänzlich unabhängig von anderen psychobiologischen Notwendigkeiten wie dem Hunger.

Auch auf dem Gebiet der Sozialpsychologie führten in den Jahren um den zweiten Weltkrieg die verbesserten Methoden der Datenerhebung und -verarbeitung zu wichtigen Klarstellungen in der Erforschung des Verhaltens und der Vorurteile.

Im Bereich der psychischen Erkrankungen dagegen waren die Fortschritte langsamer, ermöglichten aber auch hier seit den siebziger Jahren genauere Aufschlüsse sowohl hinsichtlich der Erkrankungsursachen als auch der Wirksamkeit der Behandlung z. B. durch bestimmte Psychotherapien, darunter auch der psychoanalytischen Behandlung.

In allen Fällen war das Bemühen, die psychopädagogische, psychosoziale und klinisch-therapeutische Forschung von einer immer noch »handwerklichen«, impressionistischen und empirischen Grundlage auf eine wissenschaftliche, also auf systematischer Beweisführung basierende Ebene zu erheben, an die Perfektionierung der allgemeinen Forschungsmethoden gebunden. Konnte sich die wissenschaftliche Forschung in der Psychologie zu Beginn des Jahrhunderts nur mit ganz elementaren Problemen befassen (wie den Schwellen der taktilen Wahrnehmung, der mit der Zeit abnehmenden Gedächtnisleistung oder der Art und Weise, wie sich ein Tier in einem Labyrinth orientiert), waren dank der Perfektionierung der Experimentalforschung schon wenige Jahrzehnte später zuverlässige Untersuchungen in so komplexen Themenbereichen wie dem Denken und dem Wesen der affektiven Bindungen möglich.

Zu diesem generellen Systematisierungs- und Verwissenschaftlichungsprozeß trugen auch andere Faktoren bei, vor allen Dingen die immer rascheren Fortschritte bei den Erkenntnissen über die Funktionsweise des Gehirns und damit der Denkvorgänge. Von den sechziger Jahren an kam es in der psychologischen Forschung aber auch ganz allgemein zu bedeutenden Richtungswechseln.

Von diesen Richtungs- oder, wenn man so will, Paradigmenwechseln sind in erster Linie zwei zu nennen. Einerseits die Entwicklung der Kognitionspsychologie, also der experimentellen Erforschung der Frage, wie Erfahrungsdaten im Nervensystem verarbeitet werden, und darauf aufbauend die Entwicklung der systematischen Erforschung kognitiver *Inhalte* und damit der (mentalen) Repräsentationen; andererseits die Beiträge der Ethologen, also der Tierverhaltensforscher, und im Sog ihres Ansatzes der wachsende Erfolg der darwinistischen Sichtweise.

In den letzten Jahrzehnten wurde die wissenschaftliche Methode des statistisch-experimentellen Wahrheitsbeweises auf ausnahmslos alle Problemstellungen der Psychologie angewandt, auch auf Fragen, die traditionell mit der »Welt der Komplexität« und dem großen Themenbereich des Bewußtseins und des mentalen Lebens zusammenhängen.

5. Noch einmal zur praktischen Psychologie: das Problem der wissenschaftlichen Beweisführung

Warum aber in Wirklichkeit nicht die gesamte heutige Psychologie streng wissenschaftlich ist, haben wir schon erwähnt. Wer auf einem praktisch-operativen Gebiet als Kinderpsychologe tätig ist und Mütter berät, wer als Psychologe in einer Klinik oder Haftanstalt arbeitet oder Neurosen psychotherapeutisch behandelt oder wer die Produktivität und die internen Konflikte einer Arbeitsgruppe in einem Betrieb untersucht, stützt sich dabei nur teilweise auf verifizierte Hypothesen und systematisch durchgeführte Forschungen; zum anderen hält er sich auch heute noch an Theorien, die etwas Provisorisches haben. In dem Augenblick, in dem der als Berater tätige Psychologe seine Texte studiert und sich ein Urteil gebildet hat und nun praktisch eingreifen soll, verläßt er sich oft weniger auf Bücherwissen als vor allem auf seine eigene Erfahrung, auf den gesunden Menschenverstand, auf das, was ihm seine Lehrer beigebracht haben, die vor ihm mit ähnlichen Gegebenheiten zu tun hatten.

Dies alles ist nicht nur unumgänglich, sondern in gewisser Hinsicht auch gesund und richtig. Allerdings ergeben sich daraus auch einige Nachteile.

Interessant ist in diesem Punkt ein kurzer Vergleich mit der Medizin und der Behandlung körperlicher Leiden.

Auf medizinisch-chirurgischem Gebiet ist der Übergang von der »handwerklichen« zur wissenschaftlichen Phase gefestigter als in der Psychologie; es handelt sich jedoch um eine nicht weit zurückliegende Entwicklung. Noch bis vor einigen Jahrzehnten wurde die Wirksamkeit einer bestimmten medizinischen Behandlung subjektivistisch und approximativ beurteilt: Wenn der Patient behauptete, es gehe ihm besser, und der Arzt den gleichen Eindruck hatte, dann glaubte man daraus schon den Schluß ziehen zu dürfen, das jeweilige Medikament habe geholfen. Erst später zeigte sich, daß dieses Kriterium in Wirklichkeit eine Quelle gravierender Irrtümer war, vor allem, weil es dazu verleitete, an die Wirksamkeit nutzloser oder gar schädlicher chemischer Substanzen zu glauben.

Man hatte nämlich viel zu wenig berücksichtigt, daß viele Störungen unabhängig von einer Behandlung von selbst heilen oder vorübergehend besser werden, und die Genesung fälschlicherweise dem jeweils ausgewählten Medikament zugeschrieben. Es gibt Fälle, in denen die Patienten und ihre Angehörigen – vor allem, wenn die Krankheit lebensbedrohlich ist – felsenfest an den Nutzen des »entscheidenden« Heilmittels glauben wollen (besonders, wenn es sich um ein alternatives »Wundermittel« handelt), obwohl objektiv nicht die geringste Besserung zu verzeichnen ist. In wieder anderen Fällen kommt es zwar tatsächlich zu einer nachweislichen Besserung, die aber nicht auf die spezifische Wirkung des Medikaments, sondern z. B. auf suggestive und psychosomatische Faktoren zurückzuführen ist.

Auf diesem Gebiet wissenschaftliche Kriterien einzuführen, hieß nicht nur, Medikamente einzusetzen, die rational zubereitet wurden, deren chemische Zusammensetzung also bekanntermaßen eine voraussichtlich heilsame Wirkung erzeugen wird; es bedeutete auch und vor allem, daß die Wirksamkeit einer jeden neuen Behandlung an experimentellen Kontrollgruppen erprobt wurde. Das sogenannte Doppelblindverfahren gilt dabei weltweit als unabdingbar. Bei diesem Verfahren erhält ein Teil der Patienten über einen bestimmten Zeitraum das Arzneimittel und ein anderer ein gleich aussehendes, aber unwirksames Scheinmedikament, ein Placebo. Nach einer gewissen Zeit bewertet man die eventuellen klinischen Besserungen bei allen Patienten, wobei weder die Probanden noch die mit der klinischen Auswertung betrauten Ärzte wissen, welchen Patienten das echte und welchen das Scheinmedikament verabreicht wurde. Nur mit dieser Methode lassen sich die subjektiven Aspekte der Beurteilung ausschalten, so daß man am Ende zuverlässige Daten gewinnt.

Die Art und Weise, wie man bei der Entscheidung über die Wirksamkeit medizinischer Behandlungen vom empirischen zum wissenschaftlichen Verfahren überging, ist ein gutes Beispiel dafür, was wissenschaftliche Methode ganz allgemein bedeutet. Zudem ist das Beispiel des Doppelblindverfahrens auch für den Psychologen von einigem Interesse, weil gerade auf diesem Gebiet – wenn die Kontrolle fehlt – besondere psychische Faktoren zu viel schwerwiegenderen Irrtümern führen können, als man im Licht des bloßen Menschenverstands vermuten würde.

Der Vergleich mit der medizinischen Praxis hilft uns zu verstehen, auf welche Schwierigkeiten der Psychologe stößt, wenn es zu überprüfen gilt, ob sein praktisches Eingreifen tatsächlich Wirkung zeigt oder nicht. Denn auch der Ratschlag, den der Psychologe einer Mutter oder einer Kindergärtnerin gibt, die Maßnahme, die er in einem Unternehmen in bezug auf eine bestimmte Arbeitsgruppe vorschlägt, oder die Deutung, die er einem Neurotiker für ein bestimmtes Symptom liefert, sind ebenso Eingriffe wie ein Arzneimittel. Wie bei einer ärztlichen Behandlung sollte auch hier die Wirkung objektiv bewertet werden können. Leider jedoch sind die Eingriffe des Psychologen komplexer und nicht so leicht standardisierbar wie die des praktischen Arztes, so daß hier die Überprüfung zwar nicht unmöglich, aber in der Praxis doch sehr schwierig ist.

6. Psychologen und Philosophen

Obschon sich die im strengen Sinn wissenschaftliche Psychologie durchgesetzt hat, sind derzeit, wie gesagt, auch in der »humanistischen« Psychologie, die kulturellen und sozialen Themen verpflichtet ist, umfassende Entwicklungen in Gang, und wie wir gerade gesehen haben, gibt es auch weiterhin psychologische Teilgebiete, auf denen noch immer empirisch, handwerklich und eher unsystematisch vorgegangen wird.

In einer anderen und älteren Richtung sind dagegen viel deutlichere Krisenzeichen zu erkennen, nämlich in der traditionellen philosophischen Psychologie. Sie bestand und besteht zum Teil noch heute aus einem Ensemble von Theorien, die auf Introspektion und auf der meditativen Tätigkeit einzelner Individuen basieren, denen im allgemeinen eine höhere Intelligenz und Bildung zugesprochen wird. Die Philosophen neigten von jeher dazu, bei der Behandlung aktueller Probleme auf die von anderen Philosophen und bisweilen auch von Schriftstellern und Gelehrten im Lauf der Jahrhunderte entwickelten Ideen zurückzugreifen, um die gleichen Themen neu aufzubereiten und weiterzuentwickeln. Diese individuelle geistige Tätigkeit wird stets

»vom Sessel aus« (*armchair*) oder, wenn man so will, am »grünen Tisch« geleistet.

Daß es sich dabei weitgehend um eine »Psychologie von gestern« (und vielleicht vor allem von vorgestern) handelt, heißt freilich nicht, daß die Philosophen in der Geschichte der Psychologie nur eine marginale Rolle gespielten hätten, und vielleicht auch nicht, daß sie nun abdanken könnten.

Im Lauf des zwanzigsten Jahrhunderts verhalfen uns Philosophen wie Bertrand Russell, Ludwig Wittgenstein und Gilbert Ryle durch wichtige methodologische Revisionen zu klareren Erkenntnissen in den großen Themen des Bewußtseins und des Geistes, und bis heute ist jede Debatte über den Geist zugleich auch eine methodologisch-philosophische Debatte. Nicht zu vergessen zeitgenössische Philosophen wie Daniel Dennett, die positiv zur Verbreitung und Systematisierung der neuesten Erkenntnisse in den Neurowissenschaften und in der Psychologie der Intentionalität und des Bewußtseins beitragen.

Dennoch ist festzustellen, daß den Philosophen bei der Diskussion psychologischer Fragen immer weniger Raum zugestanden wurde und daß sie heute auf diesem Gebiet so gut wie keine Rolle mehr spielen.

Noch in der ersten Hälfte des zwanzigsten Jahrhunderts waren die »großen« Fragen der Psychologie, ihre gewissermaßen »höheren« Themen wie Denken, Geist, Bewußtsein, Vorstellung und Sprache, aber auch Gewissen, Neid, Hoffnung oder die Frage nach dem Wesen der geistigen Gesundheit ausschließlich Gegenstand philosophischer, also spekulativer Untersuchungen; ein anderer Ansatz bei der Behandlung solcher Themen schien im übrigen auch kaum denkbar. Heute ist das ganz anders. In den letzten Jahrzehnten des 20. Jahrhunderts wurden diese Themenbereiche zum Gegenstand wichtiger experimenteller Forschungen auf dem Gebiet der Neurowissenschaften und der Erforschung des Verhaltens und der mentalen Vorgänge bei Tieren und schließlich auch im heute rasch wachsenden Zweig der künstlichen Intelligenz und der Robotertechnik.

Interessant dabei ist, daß zeitgenössische Philosophen wie Dennett, die sich mit dem Geist befassen, dabei immer weniger auf die abstrakten Kanons der traditionellen philosophischen Spekulation zurückgreifen, und ihre Theorien statt dessen immer mehr einer aufmerksamen und ständig aktualisierten Neubeschreibung der Ergebnisse unterordnen, die Jahr für Jahr in der physiologischen und psychologischen Forschung gewonnen werden.

Einige experimentelle Erkenntnisse sind hier, wie wir gleich sehen werden, von besonderer Bedeutung, weil sie philosophische Überzeugungen widerlegen, die traditionell als unumstößlich galten.

So bezeichnet der Begriff »Bewußtsein« wahrscheinlich ein Ensemble von Phänomenen, die viel komplexer, flüchtiger und undurchschaubarer sind, als die Philosophen traditionell geglaubt hatten. Fast alle Wissenschaftler, die heute auf diesem Gebiet forschen, neigen in der Praxis zu einer radikalen Revision des Bewußtseinsbegriffs.[2] Gewisse Bedenken waren aber schon seit geraumer Zeit vorgebracht worden. Zweifel daran, daß Bewußtsein etwas Eindeutiges und Klares ist, werden ja schon dann wach, wenn man aufhört, ausschließlich die spekulative Intelligenz des Philosophen zu untersuchen, als sei sie die einzige Form von Bewußtsein, die es gibt, und sich statt dessen auch mit Kleinkindern und Tieren, mit experimentellen Situationen und klinischen Fällen befaßt.

Wer immer noch glaubt, Bewußtsein sei ein »kompaktes« und genau definierbares Ganzes – oder eine Qualität des Geistes, muß sich heute eine Reihe von Fragen stellen lassen, auf die ihm eine Antwort sehr, sehr schwer fallen wird. So könnte man – oder könnten wir – z. B. fragen, welcher Unterschied zwischen dem Bewußtsein eines Säuglings und dem desselben Kindes im Alter von ein und dann von zwei Jahren besteht, ein Unterschied, der ganz offenkundig scheint und bei genauer Betrachtung doch sehr schwer zu definieren ist. Auch die Frage, ob ein Insekt (oder, wenn man ein komplexeres Lebewesen nehmen will, ein Weichtier, ein Fisch oder ein Sperling) den gleichen Bewußtseinszustand hat wie der Hund oder die Katze oder nicht, ist nicht klar zu beantworten, und ebensowenig läßt sich sagen, wann auf der Entwicklungsskala vom Insekt zum Säugetier eigentlich »Qualitätssprünge« in den Bewußtseinsformen stattfinden, oder wie das Traumbewußtsein zu definieren ist, also jenes besondere Erleben des Schlafenden und Träumenden, das der Betroffene für etwas Reales hält. Man kann auch nicht erklären, wieso jemand, ohne es zu wissen, blind sein kann und es auch noch abstreitet, obwohl er ansonsten bei klarem Verstand ist (es handelt sich um eine neurobiologische Störung, die als optische Anosognosie bezeichnet wird), oder weshalb man umgekehrt der festen Überzeugung sein kann, daß man blind ist, obwohl man sieht (auch dies sind bekannte und oft zitierte klinische Fälle, das sogenannte Blindsehen, *blindsight*), usw. Und wenn man glaubt, »Bewußtsein« heiße »etwas wissen«, kann man sich schließlich fragen, was denn »wissen« bedeutet, wenn doch z. B. jeder, der das Zehnfingersystem beim Computerschreiben beherrscht, mit dem Finger auf Anhieb die richtige Buchstabentaste trifft, ohne später sagen oder aufzeichnen oder sonstwie erklären zu können, ob sich ein bestimmter Buchstabe wie z. B. das »S« oder das »O« auf der Tastatur rechts oder links, oben oder unten befindet.[3]

Auf alle diese Fragen gibt es keine Antwort, wenn man voraussetzt, daß Bewußtsein etwas Einheitliches und Festgelegtes ist. Die Krise der Auffassung vom Bewußtsein hat sich noch verschärft durch die auf einer Reihe von experimentellen Daten basierende Entdeckung, daß die »nicht eigenbewußten« (oder etwas ungenau ausgedrückt die »unbewußten«) Aspekte im Alltagsleben viel relevanter sind, als Philosophen und Moralisten gemeinhin glaubten, und eine viel umfassendere Rolle spielen, als selbst Freud annahm, dessen Theorie ja auf der Bedeutung des Unbewußten basiert.[4]

Ein weiteres Thema, das ähnliche Probleme aufwirft, ist die Sprache. In der traditionellen Auffassung galt die menschliche Sprache als eng an Denken und Bewußtsein gekoppelt, fast als sei sie ein fundamentaler und konstitutiver Teil davon. Diese Annahme galt immer als unumstößlich. Die naive Introspektion schien auf eine vorrangige Rolle des Worts hinzudeuten, und seit zweitausend Jahren bis heute war das abendländische philosophische Denken von der Zentralität eines sowohl als »Vernunft« als auch als »Sprache« begriffenen *logos* ausgegangen.

Auch in diesem Punkt jedoch haben die Forschungen von Physiologen und experimentellen Psychologen die den Philosophen so sehr am Herzen liegenden Vorstellungen nicht bestätigt. Seit den achtziger Jahren zwangen diverse Untersuchungsergebnisse Psychologen und auch Linguisten zu der Annahme, daß menschliches Denken weniger an Sprache und mehr an die bildliche Vorstellung oder besser gesagt an die Benutzung nichtverbaler »mentaler Modelle« gekoppelt ist. Dies gilt möglicherweise sogar für scheinbar formale und logisch-operative Denkformen wie den Syllogismus.[5]

Dementsprechend ist es auch möglich, daß das Selbstbewußtsein, also das Bewußtsein von sich selbst, nicht wie bisher als gesichert galt, ein sich sprachlich selbstbeschreibender Prozeß ist, sondern ebenfalls eine Form des »repräsentionalen« Bewußtseins. Das heißt mit anderen Worten, daß wir wahrscheinlich imstande sind, uns von den anderen zu unterscheiden und uns ein Selbstbild von uns *als uns selbst* zu machen, ohne je auf Sprache zurückzugreifen. Diese Fähigkeit findet sich ja auch schon bei unseren »minderen Vettern«, den Schimpansen, die bekanntlich nicht über die Gabe der Rede verfügen und dabei doch ziemlich intelligent und uns sehr ähnlich sind.[6] Im übrigen kommt es relativ häufig vor, daß jemand infolge einer Hirnblutung die Fähigkeit, Sprache zu formulieren, gänzlich verliert, ohne daß ihm deshalb auch nur im mindesten das Bewußtsein von sich selbst oder die Fähigkeit des klaren Denkens abhanden kommt.

Dennoch liest man noch heute auch bei Philosophen, die offen sind für den modernen Empirismus, immer wieder, daß es »beinahe eine Tautologie« ist, wenn man sagt, das Selbstbewußtsein sei »sprachlicher Natur«.[7]

7. Die Geburt der zeitgenössischen Psychologie

Die in den vorausgegangenen Abschnitten behandelten Themen dienen dem besseren Verständnis der Entwicklung der modernen Psychologie in den hundertzwanzig Jahren ihres Bestehens.

Nun sollten wir uns kurz mit der Frage befassen, wie Ende des 19. Jahrhunderts die Idee der Psychologie entstanden ist, so wie wir sie heute kennen und wie sie sich in der ersten Hälfte des zwanzigsten Jahrhunderts allmählich durchgesetzt hat. Dabei wollen wir unser Hauptaugenmerk auf das allgemeine Thema des Geistes richten.[8]

In der heutigen Kultur – so könnte man als erstes festhalten – werden die beiden Begriffe »Seele« und »Geist« fast immer klar voneinander getrennt, und zwar durchaus zu Recht. Der Begriff der Seele ist religiös geprägt und zeigt unmißverständlich ein transzendentes Prinzip an, dessen wichtigstes Kennzeichen es ist, den physischen Tod zu überstehen. Der Begriff des Geistes oder der Psyche hingegen ist laizistisch und interessiert den Psychologen insofern, als er Synonym für das »psychische Leben« ist. (Interessant ist hierbei vielleicht, daß es in manchen Sprachen, so im Französischen und auch im Deutschen zwar das Adjektiv »mental« gibt, nicht aber das entsprechende Substantiv, das anscheinend auch niemand vermißt.)

»Geist«, »Psyche« oder »mental« sind heute im allgemeinen austauschbare Begriffe, die jenes innere oder introspektive Universum der Subjektivität bezeichnen, von dem hier schon die Rede war. »Mental« ist sowohl die »gefühlte Welt« als auch die »repräsentierte Welt«. Sie ist von immateriellen oder besser virtuellen Phänomenen bevölkert: Gedanken, Träumen, Erinnerungen, Phantasien, Empfindungen. Diese innere Welt kann, wenn man der Tradition folgt, als eine Art spiritueller Entität verstanden werden; oder aber in Übereinstimmung mit der heute in der Wissenschaft vorherrschenden Tendenz als ein Ensemble von unterschiedlichen und nicht leicht einzuordnenden (subjektiven) Erfahrungen. Die Methodiker weisen in diesem Zusammenhang darauf hin, daß die klassische Frage nach der Beziehung zwischen Körper und Geist weniger ehrlich ist, als es scheint. Sie erinnert nämlich ein wenig an die Diskussion um die Frage, wo Atlantis liegt, ohne daß vorher geklärt wurde, ob es die Insel überhaupt gegeben hat. Die scheinbar neutrale und harmlose Frage nach der Körper-Geist-Beziehung läßt in Wirklichkeit nur eine bestimmte Art von Antworten zu, da sie voraussetzt, daß Körper und Geist zwei Entitäten sind, die sich vergleichen lassen und zwischen denen man nur noch das wechselseitige Verhältnis ermitteln muß. Statt dessen wäre zunächst einmal die Hypothese zu beweisen, daß das, was wir als Geist bezeichnen, überhaupt eine Entität ist.

Sowohl die naive Psychologie als auch die traditionellen philosophischen Richtungen betrachten den Geist ohne zu zögern als eine eigene Größe. Hier ist das innere Universum eine homogene und vor allem eine eigenständige Einheit und die Psyche primäre psychische »Substanz«.

In dieser Bedeutung jedoch ist der Geist am Ende beinahe wieder so etwas wie eine verweltlichte Seele. Für den Gläubigen ist das Geistige im übrigen nichts anderes als das zeitliche operative Unterprodukt der von Gott gegebenen Seele, und die Trennung zwischen Seele und Geist wird in diesem Fall nicht eindeutig statuiert. Aber auch im nichtreligiösen Bereich (wo man in diesem Zusammenhang ja nicht an der Seele interessiert ist), wird die Unterscheidung zwischen Geist und Seele, die im Prinzip ganz klar sein müßte, in der Praxis keineswegs so präzise eingehalten. Es sieht eher so aus, als hätte die tradititionelle Idee der Seele auf die des Geistes »abgefärbt« und ihr eine Art ideologisches Erbe hinterlassen.

Spuren dieser Hinterlassenschaft sind auch beim gängigen

Gebrauch bestimmter Wörter zu erkennen, die meistens auch noch mit großem Anfangsbuchstaben geschrieben werden, als solle der Leser aufgefordert werden, solchen leicht mysteriösen Bezeichnungen (das »Ich«, das »Ego«, das »Selbst« oder, traditioneller, der »Geist«) eine gewisse Ehrfurcht zu zollen. Im Rahmen von Theorien, in denen sie klar umrissen werden, können solche Begriffe durchaus interessante und unmißverständliche Bedeutungen annehmen. So war z. B. in den Schriften von John Locke und später von William James ganz klar, was diese Autoren unter »the self« verstanden; genauso unmißverständlich war auch, was »das Selbst« in Carl Gustaf Jungs Werken bedeutete. Wir wissen auch genau, was das »Ich« bei Freud ist, der diesen Begriff auf interessante und ganz eigene Weise benutzte.

Bleiben diese Bezeichnungen aber vage und unbestimmt, dann fragt man sich, welchen Sinn sie eigentlich haben. Vermutlich haben sie ihren wahren Ursprung in dem etwas mißbräuchlichen Verdinglichungsprozeß, von dem in der ersten Lektion die Rede war und der ein typisches Produkt der naiven Psychologie ist. Es muß also festgestellt werden, daß wir zwar alle ein Selbstgefühl oder Selbstbewußtsein haben, daß es aber fraglich ist, ob dies dazu berechtigt, die Existenz einer als das »Selbst« bezeichneten Größe als gegeben vorauszusetzen. Das gleiche gilt für die Verdinglichung des Personalpronomens »ich«, das ohne weiteres zum »Ich« gemacht wird.

Werden Begriffe wie das Selbst oder das Ich nicht rigoros definiert, bleiben sie über höchst vage Anspielungen hinaus leider sinnleer, und diese Leere füllt sich dann interessanterweise mit spiritualistisch oder gar religiös angehauchten Inhalten. Spricht man z. B. vom »Selbst« mit großem S und ohne es genauer zu bestimmen, dann suggeriert dies auf unklare Weise eine im Innersten der Person verborgene essentielle Instanz, und von dort ist es dann kein großer Schritt mehr zur Seele.

Die Anhänger der Jungschen Richtung gehören heute zu den wenigen, die deutlicher und klarer und vielleicht auch ehrlicher als andere unverblümt den Begriff »Seele« benutzen, wenn sie von einem als eigenständige, spirituelle Größe verstandenen Geist sprechen.

In den ersten Jahrhunderten der Neuzeit wurde diese ganze Thematik in einer uns heute einfacher und klarer, wenn auch vielleicht weniger vernünftig scheinenden Art und Weise dargestellt: Damals gab es keinen Unterschied zwischen Seele und Geist. Für Descartes im 17. Jahrhundert ist der Geist die Seele. Der Descartes'sche Geist ist Bewußtsein, ist Vernunft, ist Moralgefühl, und er ist auch Sprache; und das alles ist in jedem Menschen sich selbst gegenwärtig und unmittelbar von Gott gegeben. Die Seele ist bei Descartes klar vom Körper unterschieden; dieser ist eine unbewußte, mechanisch-automatische Maschine, Erzeugerin von blinden Leidenschaften (wie den sexuellen), dunklen Empfindungen und Irrtümern.

Seither ist viel Wasser den Berg hinuntergeflossen. Festzuhalten ist, daß die glückliche und alles in allem nützliche schematische Trennung zwischen der dem Religiösen zuzuordnenden Seele und dem in den Bereich des Psychischen fallenden Geist relativ jungen Datums ist. Noch im 19. Jahrhundert war sie nicht Teil der herrschenden Kultur, und auch im frühen 20. Jahrhundert wurden Geist und Seele gern als Synonyme aufgefaßt. Themen wie Vernunft, Sprache, Bewußtsein, schöpferische Phantasie, die heute typischer Gegenstand der Psychologie sind, wurden damals noch einem spekulativen, eher metaphysischen als naturwissenschaftlichen Bereich zugeordnet. Die Philosophie (oder philosophische Psychologie) und natürlich die Theologie waren die einzigen Disziplinen, die dafür zuständig schienen.

Diese »Welt von gestern« liegt gar nicht so weit zurück. Noch vor nur hundertfünfzig Jahren dominierten in der europäischen Kultur spiritualistische Auffassungen. Als der deutsche Chemiker Friedrich Wöhler 1828 zum ersten Mal eine organische Substanz, den Harnstoff, im Labor synthetisierte, rief dies Empörung und Unruhe hervor. (Der Aufschrei damals – »Wohin soll das führen?« – ist wahrscheinlich mit der heutigen Aufregung über die Genetik vergleichbar.) Wenige Jahre später, also in den vierziger Jahren, sind die Physiologielehrer von Hermann von Helmholtz, einem der Begründer der Physik und der modernen Physiologie, im Gegensatz zu ihrem Schüler noch überzeugt, daß die Funktionen des menschlichen Körpers entgegen der mechanistischen Auffassung durch vitalistische Kräfte metaphysischen Ursprungs zu erklären seien. Als 1895 Darwins *Entstehung der Arten* erscheint, löst dieses Werk einen ungeheuren Skandal und heftige Polemik aus, die bis in unsere Tage hinein fortdauert.

Erinnern wir auch daran, daß der einflußreichste Philosoph des 19. Jahrhunderts, Georg Wilhelm Friedrich Hegel, einen Geistbegriff religiösen Ursprungs ins Zentrum seines Denksystems stellte. Nach Hegels Philosophie, die der höchste Ausdruck des Idealismus war, existiert die materielle Wirklichkeit (Welt, Körper usw.) nicht an und für sich, sondern nur insofern, als sie im Geist enthalten ist, praktisch also nur insofern, als sie aus dem höchstentwickelten Aspekt des Mentalen hervorgeht. Hier geht Bewußtsein der materiellen Wirklichkeit voraus und bestimmt sie; jede Form menschlichen Wissens geht nicht aus der Erforschung der Dinge hervor, sondern aus der Tätigkeit des Geistes. Die einzige wahre Form von Erkenntnis ist für Hegel die philosophische Spekulation.

Dem stellen sich, wenn auch noch als Minderheit, die Empiriker entgegen, aus deren Sicht alle konkreten Realitäten wie die Sterne, die Erde, die Tiere und die Kinder ebenso wie unser biologischer Körper autonomen und primären Charakter haben. Anders als für den Idealismus *geht* die Weltwirklichkeit hier dem Bewußtsein *voraus* (und *bringt* es eventuell sogar *hervor*). Das Wissen über die Wirklichkeit, das wir eventuell erlangen können, rührt also nicht von der spekulativen Tätigkeit des Geistes her, sondern von unserem bescheidenen und eifrigen Studium der Dinge. Die wahre Form der Erkenntnis ist hier die wissenschaftliche Forschung.

Die moderne Psychologie geht aus einem entschieden (und auch in polemischer Weise) empiristischen Ansatz hervor. Aber auch nicht-empiristische Ansätze haben in der heutigen Psychologie einen gewissen Einfluß. Es gibt in der gegenwärtigen Psychologie immer noch Anteile, die sich dem Idealismus verpflichtet fühlen.

Über die letztgenannte Richtung lohnt es sich, noch ein paar Worte zu sagen. Bedeutende Überbleibsel des Idealismus sind heute noch bei den Vertretern der These zu finden, daß Wissen nie absolut und jede Erkenntnis relativ ist. Die Verfechter dieser Richtung gehen von dem wohlbekannten Prinzip aus – dem schwer zu widersprechen ist –, daß kein soziales Ereignis »für sich selbst spricht«. In der Tat sagt uns jeder gesellschaftliche Vorgang (wie z. B. die Begegnung zweier Personen auf der Straße oder ein Krieg zwischen zwei Völkern) nur insofern etwas, *als wir ihn interpretieren.* Dieses Prinzip wird jedoch von einigen ausgedehnt und so weit radikalisiert, daß behauptet wird, nicht nur »die Ereignisse«, sondern auch die »Dinge« (die Sonne, der Mond, die Moleküle oder die biologischen Körper) sprächen keineswegs »für sich selbst«, sondern sagten uns nur dann etwas, wenn wir sie auf mehr oder minder konventionelle Art und Weise »sprechen lassen«, ihnen also durch unsere Worte einen Sinn geben. Diese unsere Worte, so wird weiter behauptet, können aber niemals »wahre« Beschreibungen oder allgemeingültige Erklärungen sein, weil sie letztendlich nur Meinungen sind, interpretierende Ideen, auf die wir uns in unserem speziellen kulturellen Denksystem geeinigt haben. Infolgedessen wird zum Beispiel abgestritten, daß es die gemeinhin als *Naturgesetze* bezeichneten Gesetze *in der Natur* gibt; sie existieren nur in unseren Köpfen oder sogar nur in unseren Diskursen. Von da aus erfolgt der nächste Schritt hin zur idealistischen Anschauungsweise: Die Realität außerhalb von uns – so wird argumentiert – ist nicht nur immer »interpretiert«, sondern immer auch »konstruiert«, sie existiert also nur insoweit, wie wir schrittweise Einsicht in sie gewinnen. Es gibt also, so die idealistisch geprägte Schlußfolgerung, keine autonome Realität als Realität »dort draußen« oder »außerhalb unseres Geistes«.[9]

Im Unterschied zum dogmatischen Idealismus des neunzehnten Jahrhunderts ist der heutige Idealismus relativistisch: Indem er aber den autonomen Charakter der Naturwirklichkeit abstreitet, stellt er sich genauso wie jener in Gegensatz zum Empirismus, der für wissenschaftliche Forschung von jeher kennzeichnend ist.

Die Psychologie ist die Disziplin, auf die sich der Widerstreit zwischen Idealismus und Empirismus am stärksten ausgewirkt hat. Auf dem weiten Feld, das zwischen den exakten Wissenschaften und der Philosophie liegt, steht der Gegensatz Idealismus–Empirismus für zwei bis heute sehr aktive Richtungen, die sich auf unvereinbaren Positionen gegenüberstehen. Auch zu diesem ganz allgemeinen ideologischen Gegensatz sind ein paar Worte zu sagen.

Auf der einen Seite stehen heute wie früher die Forscher im Bereich der experimentellen Wissenschaften und mit ihnen all jene, die Objekte mit technologischem Gehalt erzeugen. Diese Leute knüpfen an die Tradition des Empirismus an und nehmen damit eine Position ein, die wir als methodologischen Realismus oder auch als Achtung vor der Objektivität bezeichnen könnten.[10] Diese Gelehrten, Techniker und Wissenschaftler haben von jeher einen besonderen Stil des Argumentierens und Urteilens: Sie sind konkret, anspruchsvoll und bisweilen pedantisch und neigen dazu, Aussagen in klar oder konfus, zutreffend oder unzutreffend, richtig oder falsch einzuteilen. Wenn es heute für jedermann möglich ist, zuverlässige Informationen über die Funktionsweise der Augen oder Ohren zu erhalten oder sich mit Insulin oder Antibiotika zu behandeln oder unbesorgt im Flugzeug zu reisen, ohne befürchten zu müssen, daß es abstürzt, dann ist das ihrer Meinung nach allein der Tatsache zu verdanken, daß sich jemand bemüht hat, auf alle diese Dinge eine bestimmte Art der Forschung anzuwenden, die nichts Willkürliches hat und in der ganzen Welt gleich ist (und auch auf dem Mars gleich wäre, wenn die Marsmenschen Medikamente oder Flugzeuge benötigen würden), also die wissenschaftlichen Methode.

Auf der Gegenseite finden wir eine Gruppierung von Philosophen, Geisteswissenschaftlern und Humanisten und auch einigen Sozialwissenschaftlern, die zwar unbesorgt Antibiotika schlucken und Flugzeuge benutzen, aber trotzdem behaupten, nicht an Wissenschaft und Technologie zu glauben. Konsequenterweise glauben diese Intellektuellen auch nicht, daß die Worte »Beweis« oder »Verifikation« einen Sinn haben oder daß man je von »Wirklichkeitstreue« sprechen könne. In einem theoretischen Universum, in dem es keinen Unterschied mehr zwischen Erkenntnis und Meinung gibt, weil alles Meinung wird, und wo Subjekt und Objekt sich vermischen, verficht man also in einer extremen und in gewisser Hinsicht faszinierenden Weise die freie Schöpferkraft des Geistes und die unendliche Vielfalt der Standpunkte. Diese Denker bezeichnen ihre Positionen (die natürlich nicht alle miteinander identisch sind) heute mit einem breiten Spektrum von Begriffen wie Hermeneutizismus, Konventionalismus, Konversationalismus, Multikulturalismus, radikaler Konstruktivismus, Konstruktivismus, humanistischer Holismus, Narrativismus, Postmodernismus, schwaches Denken, erkenntnistheoretischer Relativismus, hermeneutischer Postrelativismus, methodologischer Anarchismus, epistemischer Indeterminismus, Poststrukturalismus, Dekonstruktionismus.[11]

Eine weitere Auffassungsweise von der menschlichen Natur, die im 19. Jahrhundert dominierte, aber ebenso wie der Idealismus bis heute nicht ganz verschwunden ist, besteht in der – mehr oder weniger konfusen – Verquickung des Bereichs der Moral mit dem der Psychologie. Wir haben dieses Thema schon in der ersten Lektion angeschnitten. Im 19. Jahrhundert machte man nicht die in der heutigen Psychologie und generell in der Wissenschaft zentrale und klare Unterscheidung zwischen dem *Vorschreiben*, wie wir uns verhalten *sollen*, und dem *Beschreiben* eines *tatsächlichen* Verhaltens oder jedes anderen Aspekts des menschlichen Lebens, mit dem wir uns befassen wollen.

Im 19. Jahrhundert galt das Adjektiv »moralisch« häufig für austauschbar mit »psychologisch«. So wurde beispielsweise nicht eindeutig zwischen dem Bewußtsein im allgemeinen und dem »Moralbewußtsein« getrennt, was dazu beitrug, daß einerseits die Thematik von Gut und Böse und andererseits die mit dem Thema des Bewußtseins zusammenhängenden Fragen in enge Nachbarschaft gerückt wurden. Auch der Begriff »Wille« wurde benutzt, um eine vermeintlich primäre ethisch-psychologische Gabe des menschlichen Geistes zu bezeichnen; man war der Ansicht, jedes Subjekt könne die eigene Willenskraft nach Belieben tugendhaft verstärken oder auch lasterhaft erlahmen lassen. Was die Kinder betraf, sah man keinen Unterschied zwischen Lernen und Erziehung, und so verwischten sich auch die Unterschiede zwischen dem Erwerb kognitiver Fähigkeiten und dem Erlernen sozial wünschenswerter Verhaltensweisen. Dementsprechend bedeutete auf dem Gebiet der psychischen Störungen der Ausdruck »moralische Ursachen« das, was wir heute als »psychische Ursachen« bezeichnen würden, und was wir heute psychologische Behandlung oder Psychotherapie nennen, hieß »moralische Behandlung«.

Die Psychologie im eigentlichen Sinn, so wie wir sie heute verstehen, ging aus der Krise dieser Auffassungsweisen hervor, vor allem aber aus der Möglichkeit, sich dem Studium der menschlichen Persönlichkeit auf einem eigenständigen Forschungsweg zu nähern, also in Abgrenzung zu den Richtungen der idealistischen Philosophie wie auch der doppelten Sphäre von Religion und Moral. Die moderne Idee der Psychologie bildet sich heraus, als im Lauf des 19. Jahrhunderts empiristische Philosophen wie John Stuart Mill die damals herrschenden metaphysischen Prinzipien zurückweisen und für die Denkprozesse

Erklärungsschemata liefern, denen bei den Naturwissenschaften entliehene Hypothesen zugrundeliegen – so z. B. der Assoziationismus bei Mill.

Psychologische *Forschung* im eigentlichen Sinn, also die Psychologie, so wie wir sie heute kennen, entsteht aber erst, als in der zweiten Hälfte des 19. Jahrhunderts Exponenten der weltlichen und wissenschaftlichen Kultur wie Francis Galton in England und dann William James in Amerika und Wilhelm Wundt in Deutschland es wagen, ausdrücklich die Idee einer »Psychologie ohne die Seele« (der Ausdruck stammt von William James) vorzuschlagen. Diese Wissenschaftler, die an die Orientierungen der naturwissenschaftlichen Forschung des 19. Jahrhunderts und an das Gedankengut skeptischer Philosophen wie Hume anknüpfen, stellen die Hypothese auf, daß der Geist zum Gegenstand einer regelrechten experimentellen Forschung gemacht werden könne, eine Hypothese, die von anderen als umstürzlerisch und sogar blasphemisch betrachtet wurde.

In den letzten beiden Jahrzehnten des neunzehnten Jahrhunderts faßt die wissenschaftliche Psychologie also Mut, sich mit dem Geist zu beschäftigen. Bei den ersten psychologischen Experimenten geht es vorrangig um die Empfindungen als einem einfachen Aspekt der mentalen Welt. Diese Experimente stützen sich aus naheliegenden Gründen alle auf die Introspektion, denn der »nach innen gerichtete Blick« erscheint als der einzige Zugang zum Universum des Mentalen; die Psychologen der damaligen Zeit fragen sich lediglich, wie man Regeln dafür aufstellen und meßbare Daten daraus erhalten kann. Die Tastempfindlichkeit wird z. B. untersucht, indem eine Versuchsperson gefragt wird, ob sie – introspektiv – aussagen könne, ab wann die Wirkung eines auf den Handrücken ausgeübten leichten und erst gar nicht wahrnehmbaren Reizes zu spüren ist. Gemessen wird die Stärke des Reizes, die Reizschwelle, die Latenzzeit usw.

Die Introspektionsmethode führt aber nicht sehr weit. Die Selbstbeobachtung, d. h. die subjektive Aussage über das, was man empfindet, der Blick ins eigene Innere, ist ungenau und schwer zu bewerten. Letztendlich erweist es sich als unmöglich, Subjektivität in Objektivität umzusetzen, also in etwas, das sich mit einem Minimum an Präzision messen läßt: Es sei denn, man wechselt radikal das Register.

Tatsächlich kommt es in den ersten beiden Jahrzehnten des 20. Jahrhunderts zu einer entscheidenden Wende, die von der Lernforschung ausging.

Es konnte gar nicht ausbleiben, daß sich die Untersuchungen über die Grundlagen der Subjektivität allmählich einem Gebiet zuwandten, das ebenso elementar, aber besser meßbar ist: Man beginnt die einfachsten Reaktionen des Organismus auf die Umgebung zu untersuchen. Die zugrundeliegende Idee ist die des Verhältnisses zwischen Reiz und Antwort: Ausgehend von den einfachsten Formen der Verbindung zwischen dem Reiz-*Input* und dem motorischen *Output* wie dem Reflexbogen (das hochschnellende Bein, wenn man auf die Sehne unterhalb der Kniescheibe klopft; die Hand, die sich zurückzieht, wenn sie gestochen wird), geht man stufenweise zu immer komplexeren Fragestellungen und damit praktisch zur Erforschung der Verhaltensreaktionen über. Mit Hilfe von Tierversuchen, z. B. mit Ratten, wird es möglich, ein faszinierendes Gebiet genauer zu ergründen, nämlich die Mechanismen, die die Einstellung und Anpassung des Verhaltens auf die Veränderungen der Reize steuern, kurzum, man beginnt das Lernen zu studieren.

Vom zweiten Jahrzehnt des 20. Jahrhunderts bis in die sechziger Jahre hinein dominiert auf der Weltbühne der wissenschaftlichen Psychologie die Forschungsrichtung des Behaviorismus. Sein wichtigster Begründer war John Watson mit seinem 1913 erschienenen Aufsatz *Psychology as the behaviorist views it*; von den dreißiger Jahren an wird Burrhus Skinner zum radikalsten Vertreter dieser Schule. Wissenschaftlich untersucht wird hier ausschließlich, was meßbar und experimentell reproduzierbar ist, also die Art und Weise, wie sich durch veränderte Reize die Verhaltensreaktionen verändern. Was im Innern der Körpermaschine zwischen den Eingangssignalen, dem *Input*, und dem *Output* der Reaktion vorgeht, wird für unerheblich gehalten und den Physiologen überlassen: Der Organismus wird als Blackbox, als schwarzer Kasten betrachtet.

In seiner amerikanischen Ausprägung ist der Behaviorismus der Ideologie der Objektivität und Effizienz verpflichtet. Nur objektive Forschungsdaten werden anerkannt, subjektives und introspektives »Erleben« wird als zu flüchtig und einer ernsthaften Betrachtung nicht für wert befunden, der Begriff des Geistes wird als inkonsistent betrachtet und auf diese Weise eliminiert. Damit kommt auch eine Art Anti-Individualismus auf: Da dem *Fühlen* des Subjekts kein Raum mehr gelassen wird, verschwindet auch das variable *Sich-Einbringen* des einzelnen als Träger eigener Anliegen. Die Individuen werden austauschbar. Diese Orientierung wird noch verstärkt durch die Überzeugung, daß das Angeborene und die Unterschiede zwischen den Menschen unwichtig sind und ruhig außer acht gelassen werden können. Die Überzeugung von der Modifizierbarkeit der Individuen führt die Behavioristen zu einer regelrechten Verhaltensformung (vor allem bei Skinner) und damit zu einer potentiell autoritären sozialen Perspektive.

Der Behaviorismus sollte jedoch nicht pauschal verurteilt werden. Sein historischer und teilweise auch noch heutiger Wert darf nicht liquidiert werden; und schon gar nicht dürfen wir eine Forschungsmethode verwerfen, weil sie ideologisch verzerrt wurde.

Die behavioristische Schule hat, wie man nicht vergessen sollte, nicht nur einen großartigen Beitrag zu unserem Wissen über Lernprozesse geliefert, sondern auch mehr als einer Psychologengeneration beigebracht, was Experimente in der Psychologie bedeuten, und vor allem, wie rigorose Wissenschaftsmethodik ganz allgemein auszusehen hat. Bis heute sind die Vorbehalte, zu denen uns der Behaviorismus auffordert, das beste Gegenmittel gegen die auf Projektion und Anthropomorphismus zurückzuführenden Irrtümer. Zu den typischsten dieser Irrtümer gehört die Neigung, Tieren *Intentionen* und *Verstehensfähigkeiten* zuzuschreiben, die unseren eigenen ähnlich sind; oder auch bestimmte Verhaltensweisen unbedingt mit dem Vorhandensein (bewußter) *Vorsätze* und *Ziele* erklären zu wollen, die sich viel besser erklären ließen, wenn man davon ausginge, daß sie von – vielleicht unbewußten – Signalen aktiviert und gesteuert werden.[12]

Zudem ist der Behaviorismus weniger rigide, als er oftmals dargestellt wird. Von den dreißiger bis vierziger Jahren an entwickelt er sich zu dem weiter, was dann von den sechziger Jahren an der Kognitivismus werden sollte.

Die Vorherrschaft der behavioristischen Schule war im übrigen bei weitem nicht total. Im frühen 20. Jahrhundert entstanden und entwickelten sich auch andere bedeutende experimentelle Richtungen, allen voran die Gestaltpsychologie.[13] Sie befaßt sich vorwiegend mit der Frage, wie jede Wahrnehmung der Wirklichkeit sofort zur organisierten Struktur, zur Gestalt wird.

In den ersten vier Jahrzehnten des 20. Jahrhunderts, also auch schon vor dem Zweiten Weltkrieg, gliedert sich die wissenschaftliche Psychologie in ein breites Spektrum unterschiedlicher Richtungen auf. Sie hat den Schematismus und Mechanizismus des frühen zwanzigsten Jahrhunderts hinter sich gelassen und ist offen für das sie heute auszeichnende Verständnis für die Komplexität der Thematik.

Einerseits beschäftigte sich die Gestaltpsychologie in den dreißiger Jahren bei ihren Experimentaluntersuchungen schon seit einer Weile mit unserer Art, die Welt zu sehen, die keineswegs ein »Abfotografieren« der Wirklichkeit ist, da jeder von uns seiner Wahrnehmung sofort aktive und ganzheitliche – und schöpferische – Form gibt und sich bei seiner Art, die Wirklichkeit zu verstehen, unmittelbar Bedeutungsstrukturen konstruiert. Die Verhaltenspsychologen ihrerseits erkennen die Grenzen des Schemas »Stimulus–Response« und wenden sich allmählich komplexeren Fragestellungen zu. In den frühen dreißiger Jahren kommt der Behaviorist Edward Tolman zu dem Schluß, daß wir, um zu verstehen, wie sich eine Ratte in einem Labyrinth orientiert, davon ausgehen müssen, daß sie nicht nur auf eine Reihe von Reizen und Konditionierungen reagiert, sondern in der Lage ist, in ihrem Gehirn ein Bild oder eine kognitive Landkarte des Labyrinths zu entwerfen.

Damit taucht, wie wir sehen, das Thema des Geistes erneut auf der Bildfläche auf. Die Aufmerksamkeit richtet sich aber nicht mehr wie noch im neunzehnten Jahrhundert auf das *Empfinden* als traditionelle Grundlage der bewußten Subjektivität, sondern auf das modernere Thema des Kognitiven, also auf die Frage, wie jeder Organismus die aus der Umwelt kommenden Daten integriert und verarbeitet. Man erkennt, daß sich viele Hypothesen über die Modalitäten der »inneren« Verwendung dieser Daten verifizieren lassen, ohne daß man das Ichbewußtsein heranziehen oder auf Introspektion zurückgreifen muß. Damit beginnt, wenn auch noch zaghaft, das Form anzunehmen, was in der zweiten Hälfte des zwanzigsten Jahrhunderts nicht nur in der Psychologie, sondern auch in der Biologie zum dominierenden Begriff werden sollte: der Begriff der Information und vor allem der Informationsverarbeitung *(processing)*.

All das impliziert eine »Dezentralisierung« des forschenden Subjekts. Das heißt mit anderen Worten, daß so komplexe Phänomene wie die mentalen, mit denen sich die Psychologie neuerdings wieder beschäftigt, nicht mehr von »oben« herab, also von der Höhe des Psychologenverstands aus, sondern »von unten«, untersucht werden, also ausgehend von einfacheren Subjekten. Piaget, der die Kinderpsychologie auf neue Grundlagen stellt, beginnt in den zwanziger Jahren zu untersuchen, wie das Kind von *seinem* ganz eigenen, autonomen Standpunkt aus die Wirklichkeit sieht und erklärt. Piaget ist auch der erste, der von der Dezentralisierung des Subjekts spricht. Jakob von Uexküll, einer der ersten Ethologen, zeigt wenige Jahre später auf, wie jedes Tier je nach seinen besonderen Eigenschaften die Umwelt auf seine ganz eigene Weise wahrnimmt und auf sie einwirkt.

Ebenfalls in den frühen dreißiger Jahren werden endlich auch (dank des Gestaltpsychologen Kurt Lewin) die Begriffe »Modell« und »Funktion« für das Gebiet der Psychologie auf den Punkt gebracht. Durch die Verwendung dieser Kategorien erscheinen bestimmte Problemstellungen, die in ihrer traditionellen Formulierung zu keinen Ergebnissen mehr führten, in einem neuen

Licht, so die Frage, »welche Art von Substanz das Denken ist«. Während sich die Materialisten des 18. und 19. Jahrhunderts damit herumgeschlagen hatten zu verstehen, wie Denken nicht *Geist*, sondern *Ding* oder, wie sie meinten, *materielle Substanz* sein konnte, auf welche Weise es sich also um eine Art Absonderung des Gehirns handeln konnte, beginnt man das Problem jetzt auf eine neue, vielversprechendere Art und Weise anzugehen. Die Hypothese, daß Denken, Bewußtsein und Geist mitnichten ein meßbares *Ding* sind (und folglich auch nicht »sichtbar« werden, wenn man die Schädeldecke öffnet und die Gehirnwindungen untersucht), daß sie jedoch auch nicht in irgendeinem metaphysischen Geist zu finden sind, sondern höchstwahrscheinlich nur Zustände von Ensembles von Funktionen sind, beginnt begriffliche Präzision anzunehmen.

Wir können diese Lektion nicht beschließen, ohne zu erwähnen, daß in der Zeit, von der eben die Rede war, Teile der europäischen Kultur diese Art systematischer Forschung, die in den Labors und Universitäten überall auf der Welt einen stürmischen Aufschwung nahm, entschieden zurückwiesen. So sorgten in Italien der katholische Spiritualismus und die idealistische Philosophie, bestärkt durch den Nationalismus der faschistischen Ära, lange Zeit für ein der psychologischen Forschung sehr unzuträgliches Klima. Dafür ist uns ein kompetentes Zeugnis überliefert: Wenn wir in der *Enciclopedia Italiana* von 1935 unter dem Stichwort *Psychologie* nachschlagen, dann stellen wir fest, daß der umfängliche Artikel in zwei Teile gegliedert ist: *Die Psychologie in ihrer historischen Entwicklung* und *Die experimentelle Psychologie*. In beiden Texten kommt ein eindeutiger Standpunkt zum Ausdruck, nämlich eine idealistische Auffassung der Psychologie, die den Forschungsmethoden der wissenschaftlichen Psychologie ablehnend gegenübersteht. Im zweiten Artikel wird die experimentelle Forschung verächtlich abgetan, und weder die behavioristische Schule noch die Gestaltpsychologie finden Erwähnung. Aus dieser Sicht »erlangt die Psychologie ihre wahre Bedeutung nur, wenn sie philosophische Psychologie ist, also Reflexion über die Seele und folglich Wissenschaft des subjektiven Geistes, der in der Beziehung zum *logos* seine Wahrheit sucht«.[14]

Dritte Lektion

EINFACHE MITTEL – GROSSE WIRKUNG

1. *Walters Schildkröte*

Im Jahr 1950, als es noch keine Informatik gab und die Robotertechnologie in den Kinderschuhen steckte, baute William Grey Walter, ein genialer englischer Neurophysiologe amerikanischer Abstammung, ein selbstbewegliches elektromagnetisches Spielzeug, das einer Schildkröte ähnelte und als *Machina Speculatrix* bekannt geworden ist.

Es war die Entstehungszeit der Kybernetik, der Wissenschaft, die die Möglichkeiten der Eigenkontrolle von mechanischen Systemen durch Rückkopplung oder *feedback* erforscht. (Der einfachste kybernetische Mechanismus ist übrigens das Ventil des Dampfkochtopfs, eine Variante davon ist auch der Thermostat in unserem Kühlschrank.)

W. Grey Walter wollte herausfinden, wie viele automatische Kontrollorgane mindestens erforderlich sind, um seinem etwa fußballgroßen Spielzeug, das sich auf drei von kleinen Motoren angetriebenen Rollen fortbewegte, so etwas wie Verhalten zu verleihen. Es zeigte sich, daß schon zwei Kontrollsysteme ausreichten: ein einfacher Mechanismus, der auf Stöße reagiert, und ein ebenso einfacher Lichtsensor. Walters Untersuchungen bewiesen, daß man einen Automaten konstruieren konnte, der nicht nur ein ähnliches Verhalten wie ein Tier zeigte, das sich auf dem Fußboden fortbewegt, die Umgebung erkundet, anstößt und ausweicht, auf eine Lichtquelle zustrebt usw., sondern unter Verwendung einer begrenzten Zahl von Komponenten sogar zu einfachen Formen des Lernens fähig ist. Der wissenschaftliche Wert seiner Versuche lag in der Einfachheit des Modells.

In Anlehnung daran entwarf der italienische Wissenschaftler Valentin Braitenberg in den siebziger Jahren weitere selbstbewegliche Objekte, die schon ein wenig – aber wohlgemerkt nicht *sehr viel* – komplexer waren als die von W. Grey Walter. Braitenberg nannte seine Automaten *denkende Vehikel*. Auf den Zeichnungen, die er davon angefertigt hat, sehen sie aus wie mit Rädern und einigen Anhängseln ausgestattete Schuhkartons. Es handelt sich um ganz simple Konstruktionen: Jeder, der etwas von Elektrotechnik versteht, kann die meisten davon nachbauen: Man braucht dazu nicht einmal Informatikkenntnisse. Diese Maschinen zeigten höchst erstaunliche Verhaltensweisen. Ihr Erfinder behauptete etwas provokatorisch, er habe seine Vehikel so konstruiert, daß die einen als *feige*, andere als *aggressiv* bezeichet werden könnten, wieder andere verhielten sich *freundschaftlich* interaktiv; und was die komplexeren Mechanismen betraf, fragte er sich, ob man ihnen nicht sogar eine automatische Fähigkeit zusprechen könne, etwas Ähnliches wie *Begriffe* zu bilden.[1]

Auch Braitenbergs denkende Vehikel sind heute nur noch von historischem Interesse. Die Informatik hat uns seither innerhalb von wenigen Jahren in der Erforschung der Prozesse der Erkennung, Verarbeitung und operativen Auswertung von Daten enorm vorangebracht, so daß wir heute, wenn wir wollen, auf dem Bildschirm unseres Computers nicht nur wunderschöne virtuelle Tiere mit unvorhersagbarem Verhalten konstruieren können, sondern auch dreidimensionale Automaten, die unvergleichlich viel intelligenter sind als diejenigen, die vor zwanzig Jahren denkbar waren.

Dennoch haben uns die mechanischen Schildkröten und die historischen »intelligenten« Vehikel vieles gelehrt, nicht wegen ihrer Komplexität, sondern gerade weil sie so einfach waren. Ähnliches gilt nämlich auch für bestimmte biologische Eigenschaften von Tieren und sogar von uns Menschen.

In der biologischen Welt können sich bestimmte Grundmechanismen sogar als noch einfacher – und noch automatischer – erweisen als die von Walters Schildkröten.

Untersuchen wir zum Beispiel, was einen Nachtfalter dazu veranlaßt, auf eine Lichtquelle zuzufliegen, oder, wenn es sich um ein Männchen handelt, wie sich das Insekt auf die Suche nach dem Weibchen macht, um sich mit ihm zu paaren, dann erkennen wir die geniale Sparsamkeit von Mutter Natur. Denn auch der Nachtfalter ist unter diesem Gesichtspunkt nichts weiter als ein ganz einfacher selbstbeweglicher Automat. Er hat zwei Flügelpaare und zwei Augen und bewegt sich vorwärts, indem er gleichmäßig und ganz automatisch mit den Flügeln schlägt; die Augen sind lichtempfindlich. Stellen wir uns nun vor, daß es irgendwo außerhalb von ihm, vielleicht weit weg, eine Lichtquelle gibt. Liegt das Licht rechts von ihm, empfängt das rechte Auge natürlich mehr Licht als das linke, und umgekehrt; liegt die Lichtquelle genau in Flugrichtung, empfangen beide Augen gleich viel Licht. Ein kleiner, nur aus wenigen Zellverbindungen bestehender Nervenknoten sorgt dafür, daß ein eventueller Unterschied zwischen dem auf die beiden Augen einwirkenden Reiz eine entsprechende Differenz in der Frequenz der Flügelschläge bewirkt. Erhält das rechte Auge also mehr Licht, dann kommt es zu einer leichten Steigerung der Frequenz der Flügelschläge auf der linken Seite, und der Schmetterling fliegt nach rechts, um seine Flugrichtung auf die gleiche Weise natürlich sofort wieder zu korrigieren, wenn die Abweichung zu stark war. Auf diese Weise wird sichergestellt, daß das Insekt sein Ziel erreicht. Das gleiche geschieht, wenn die großen, behaarten Fühler des Männchens in der Luft auf ein Molekül des weiblichen Pheromons stoßen: Wird das Pheromon – es genügt schon ein einziges Molekül – vom rechten Fühler wahrgenommen, schlägt der Schmetterling etwas rascher mit den linken Flügeln, und so fort. Auch die Flughöhe wird durch entsprechende Mechanismen reguliert. Das gesamte Verhalten der Insekten basiert auf einer Summe von Mechanismen, die nicht wesentlich komplexer sind als die eben genannten.[2]

Diese Tatsachen sind seit langem bekannt. In jüngerer Zeit hat ein Neurowissenschaftler namens Eric Kandel die Physiologie einer Meeresschnecke namens *Aplysia* erforscht und nachgewiesen, daß schon eine sehr begrenzte Anzahl von Nervenzellen komplexe Funktionen der Verhaltenskontrolle ausüben kann.[3]

2. Der Geschmack der Schokolade

Dazu ist zu sagen, daß der »Komplexitätseffekt« zwar nicht notwendigerweise aus sehr hochentwickelten Organen hervorgeht, aber auch nicht aus einer einzelnen Zelle entsteht. Die Nervenzelle, das Neuron, gleicht einer kleinen Maschine, die wie ein Totalisator funktioniert. Sie summiert die positiven und negativen (also die erregenden und hemmenden) Reize, die aus anderen Zellen zu ihr gelangen und reagiert darauf immer auf die gleiche Art und Weise: Wenn eine kritische Erregungsschwelle erreicht ist, »feuert« sie ein kurzes Signal an Ziel-Zellen ab.

Komplexität entsteht eher aus dem Zusammenwirken. Um dies besser zu verstehen, sollte man die Grundformen der Wahrnehmung einmal genauer betrachten.

Nehmen wir den Geschmackssinn. Wir haben auf der Zunge bekanntlich vier Typen von Geschmacksrezeptoren für die Geschmacksqualitäten salzig, süß, bitter und sauer. Nun fragt sich mancher, wie uns ein gutes Essen so vielfältige Geschmacksempfindungen zu vermitteln vermag, wenn wir nur vier verschiedene Rezeptoren haben, von denen jeder nicht auf qualitative Nuancen, sondern nur auf eine einzelne Grundempfindung anspricht. Eine der landläufigen Erklärungen dafür ist, daß wir in Wirklichkeit mit dem Geruchssinn schmecken. Das stimmt aber nicht. Der Geruchssinn ist zwar beteiligt, aber nur ganz am Rande: Die Wahrheit ist, daß wir Geschmacksqualitäten tatsächlich mit diesen vier Rezeptoren schmecken. Wie das funktioniert, will ich nun erklären.

Auch wenn man davon ausgeht, daß jeder Rezeptortyp nur zehn Aktivierungsstufen hat, daß er also nur zehn Intensitäten seiner Geschmacksqualität (süß, sauer etc.) unterscheiden kann, dann ergibt das exakt zehntausend Kombinationsmöglichkeiten und damit auch zehntausend unterscheidbare Geschmacksnuancen. Worauf es dabei aber am meisten ankommt, ist die Tatsache, daß jede Geschmacksnuance nicht die bloße Summe der vier Intensitäten der Grundgeschmacksrichtungen ist. Die vier Variablen sind vielmehr mit den vier Parametern vergleichbar, die normalerweise nötig sind, um die Eigenschaften eines Gegenstands von einer bestimmten Höhe, Länge und Tiefe und mit einem bestimmten Helligkeitsgrad zu beschreiben. So ist jede Geschmacksnuance nicht eine Summe von Empfindungen, sondern gleicht gewissermaßen einem ganzen Bauwerk, und genau in diesem Sinne empfinden wir sie als etwas Vielfältiges und Komplexes.⁴

Auch hier haben wir es also wieder mit einem großartigen Unterscheidungsvermögen zu tun, das auf höchst einfachen Mitteln beruht.

Die Einfachheit eines Sinnesorgans wie des Geschmacks kann uns helfen, allgemeinere Fragen und Probleme zu verstehen, z.B. was es bedeutet, etwas zu erkennen, wiederzuerkennen und ihm eine Bedeutung zu geben. Ein uns bereits bekannter Geschmack ist im weitesten Sinne eine Art Bild, das mit ähnlichen Sinnesbildern vergleichbar ist, aus denen wir die Erinnerung konstruieren. Im einfachsten Fall funktioniert dieser Geschmack wie ein Kennwort oder Paßwort, das wir in unseren Computer eingeben, um Zugang zu bestimmten Funktionen zu erhalten. Jeder Geschmack hat also, sofern er nicht völlig neu ist, eine (objektive) *Bedeutung* insofern, als er genau wie das Paßwort im Bereich spezialisierter Funktionen *erkennbar* (bzw. unterscheidbar) ist.

So gibt beispielsweise eine beliebige Geschmacksnuance Zugang zu Nervenzentren, die sogleich die Verdaulichkeit des betreffenden Objekts beurteilen und gegebenenfalls eine bestimmte Art von Speichelabsonderung veranlassen und den Magen auf die Aufnahme einer bestimmten Speise einstimmen; auf ganz ähnliche Weise gibt sie Zugang zu einem visuellen Bild (Schokoladengeschmack zum Bild von Schokolade) oder auch zu einer komplexeren Erinnerung, z.B. an eine bestimmte Tasse Schokolade, die wir irgendwann in unserer Kindheit getrunken haben.

Ein Geschmack vermag also fast unmittelbar Effekte hervorzurufen, die wir als Assoziationen, Echos, Erweiterungen bezeichnen können. Sofern wir Menschen und keine Tiere und auch keine ganz kleinen Kinder sind und wenn wir darüber hinaus halbwegs wach und nicht durch andere Reize abgelenkt sind, können diese Effekte rekursiv Gegenstand unserer Aufmerksamkeit und unseres Diskurses werden. Erst wenn wir an diesem ganz speziellen Punkt angelangt sind (also im Moment der Aufmerksamkeit und des kommentierenden Diskurses) pflegen wir zu sagen, daß der Schokoladengeschmack für uns eine »Bedeutung« hat. Dabei müssen wir aber bedenken, daß es sich um »Bedeutung« in einem sehr eingeschränkten Sinn handelt, nämlich im flüchtigen und zufälligen Rahmen unserer reflexiven Aufmerksamkeit.[5]

3. Einiges über das menschliche Gehirn

Auf ganz ähnliche Weise wie die Kodifizierung der Geschmacksnuancen erfolgt auch die von Gerüchen und Farben. Hier unterscheiden sich die einzelnen Tierarten untereinander nicht nur hinsichtlich ihrer unmittelbaren Empfänglichkeit für Reize, sondern vor allem durch ihre Fähigkeit, komplexe Kodifizierungen vorzunehmen, also »Muster« (*patterns*) zu erzeugen, die eine Bedeutung haben und wiedererkennbar sind. Hunde, die ja bekanntlich eine »empfindliche Nase« haben, genießen dieses Privileg weniger deshalb, weil sie auch sehr schwache Gerüche wahrnehmen können, sondern vor allem, weil sie ein feineres Unterscheidungsvermögen besitzen, also imstande sind, viele scheinbar gleichartige Gerüche als bedeutungsvolle »Muster« zu erkennen.

Wir Menschen können dafür unser Sehsystem auf sehr raffinierte Weise benutzen. So wandeln wir z. B. (allerdings sind wir nicht die einzigen, die dazu in der Lage sind) quantavive Unterschiede der Wellenlängen aus dem sichtbaren Bereich in qualitative Unterschiede um (die ebenfalls »Muster« sind) und bezeichnen sie als Farben. Farben kommen in der Natur als »Eigenschaften« bekanntlich gar nicht vor, sie existieren nur in unserem Gehirn. Daraus ergeben sich interessante Paradoxa. Nicht weiter paradox ist zunächst mal die Tatsache, daß es nicht schwer zu erkennen ist, wenn jemand auf Grund eines genetischen Defekts, des sogenannten Daltonismus (Rotgründblindheit), Rot und Grün als ein und dieselbe Farbe wahrnimmt. Paradox dagegen ist, daß wir eine hypothetische Person mit einer umgekehrten Farbwahrnehmung, also jemanden, der Rot als das sieht, was wir als »Grün« bezeichnen, und Grün wahrnimmt, als wäre es rot, niemals identifizieren könnten. Tatsache ist, daß die Hypothese als solche wahrscheinlich keinen Sinn macht.[6]

Mit Hilfe von Verfahren, die denen der Geschmackserkennung ganz ähnlich sind, sind wir aber noch zu ganz anderen Dingen fähig. So ist das menschliche Gehirn genetisch prädisponiert, Gesichter und Gesichtsmimik auf eine Weise zu kodifizieren (und folglich zu unterscheiden), die nicht nur sensibel, sondern auch streng spezialisiert ist. Gesichter werden analysiert, klassifiziert, in männliche und weibliche eingeteilt, nach Ähnlichkeiten geordnet und, wenn die Ähnlichkeit sehr groß ist, miteinander verglichen und anhand von kleinen Details systematisch unterschieden usw. Man kann nachweisen, daß diese Art von Funktion (oder Funktionsmodul, wie man heute sagt), sich nicht *wesentlich*, also in ihrem Grundmuster, von der Art und Weise unterscheidet, wie wir Geschmacksnuancen, Gerüche oder Farben kodieren. Da es sich aber, wie wir uns denken können, um etwas schon Komplexeres handelt, entfernt sie sich, wenn auch nur graduell, von der noch schematischen Rezeptionsfähigkeit eines Sinnesorgans und kommt schon der für das Gehirn typischen analytischen Fähigkeit näher.

Trotzdem läuft auch der Vorgang der Analyse und des Wiedererkennens von Gesichtern auf viel einfachere Art und Weise ab, als wir uns angesichts der außerordentlichen Vielfalt von operativen Effekten vorstellen können – genau, wie wir es bereits beim Geschmackssinn gesehen haben.

Es handelt sich um Modalitäten, die einem ganz anderen Verfahren folgen, als es in unseren üblichen Computern eingesetzt wird: Im Computer erfolgt die Datenverarbeitung in aufeinanderfolgenden Schritten, also *seriell*, im Gehirn dagegen läuft sie *parallel*, also »dezentralisiert« ab, d. h. ein einzelner Input wird von verschiedenen Zellgruppen an verschiedenen Orten des Gehirns gleichzeitig verarbeitet. Die Struktur dieser auch als *konnektionistisch* bezeichneten Arbeitsweise entspricht der von *neuronalen Netzen*. Neuronale Netze sind ein Netzwerk aus Neuronen, also Nervenzellen; es handelt sich dabei aber nicht, wie man meinen könnte, um amorphe oder isotrope »für alles taugliche« Netze, sondern um regelrechte Funktionsorgane, die zugleich lernfähig und spezialisiert sind. Neuronale Netze zeichnen sich u. a. dadurch aus, daß sie zur Rückkopplung oder besser gesagt zum Feedback fähig sind (siehe weiter vorn); des weiteren dadurch, daß sie sich *selbst trainieren* können (jedes Netz erprobt sich zunächst einmal eine Zeitlang selbst, d. h., es paßt seine internen Verbindungen an die Art von Reizen an, die es empfängt, bevor es auf vollen Touren läuft); außerdem sind sie imstande, fehlende Daten automatisch zu ergänzen und Fehler selbst zu korrigieren.

Sehen wir uns die Details genauer an, stellen wir auch hier wieder fest, daß die einfache und automatische Arbeitsweise solcher Netzwerke im Widerspruch zu ihren raffinierten Leistungen steht.

Seit einigen Jahren haben Wissenschaftler begonnen, künstliche neuronale Netze zu konstruieren, die genauso arbeiten wie die natürlichen und z.B. Gesichter auf ganz ähnliche Art und Weise katalogisieren und wiedererkennen können wie das Gehirn.[7]

Natürlich ist das menschliche Gehirn viel komplexer, und um seine Funktionsweise genau zu erklären, reichen ein paar Buchseiten nicht aus; man braucht dazu technische Kenntnisse, über die auch Gebildete normalerweise nicht verfügen.

Erinnern wir uns daran, daß eine Meeresschnecke wie der oben erwähnte Seehase oder *Aplysia* zu weit komplexerem und anpassungsfähigerem Verhalten imstande ist als ein Insekt; zu diesem Zweck verfügt sein Gehirn, das sich in fünf große Ganglien gliedert, über etwa zwanzigtausend Neuronen. Das menschliche Hirn dagegen enthält mehr als hundert Milliarden Neuronen. Wenn nun, wie es anscheinend der Fall ist, im Gehirn eines Erwachsenen tagtäglich etwa zehntausend Neuronen absterben (also halb so viele, wie die Aplysia besitzt), die nie oder nur zu einem ganz geringen Teil ersetzt werden, dann haben wir, wenn wir alt sind, trotzdem nur 0,25 Prozent der ursprünglichen Neuronenzahl verloren.

Zum Abschluß dieser kurzen Einführung in unser Thema möchte ich noch daran erinnern, daß sich die Wissenschaftler heute in bezug auf das menschliche Gehirn in zwei Punkten weitgehend einig sind:

Erstens sind die verschiedenen Fähigkeiten des Gehirns, auch die sogenannten mentalen, in *Module* aufgeteilt. Die Grundfähigkeiten der Wahrnehmung, der Sprache und unseres gesamten psychischen Lebens werden von einer großen Anzahl anatomisch-funktionaler Strukturen ausgeführt, die jeweils für spezielle Aufgaben zuständig sind. Bei diesen Strukturen handelt es sich um Zellgruppen, die an ganz bestimmten Stellen des Gehirns – vor allem der Hirnrinde – liegen und durch Nervenfasern auf verwickelte, aber genau festgelegte Weise miteinander verknüpft sind. Jeder dieser Zellverbände verfügt über ein ganz bestimmtes »Know-how«; manchmal gibt es sogar einzelne Nervenzellen mit sehr speziellen Aufgaben. Wir haben gesehen, daß es ein Modul für die Gesichtserkennung gibt, und ebenso gibt es genau lokalisierte Module, die für das Rechnen zuständig sind, wieder andere für Lesen oder für Schreiben; es gibt, um auf dem Gebiet der Sprache zu bleiben, ein Modul für die Grammatik und eins für die Semantik – also für die Bedeutung von Wörtern –, und es gibt Untermodule zur Erkennung von Namen und andere für abstrakte Begriffe. Was den Gesichtssinn betrifft, gibt es jeweils eigene Module für Farben, für Formen, für die Bedeutung von Formen und sogar für das Erkennen bewegter Objekte; mit Hilfe wieder anderer spezieller Module können wir Begriffe vergleichen, Musik lieben, singen usw.

Dagegen gibt es kein einziges Modul und auch keinen genau identifizierbaren Ort für das Gedächtnis oder für das, was wir Intelligenz nennen: Es handelt sich dabei um *diffuse* Fähigkeiten.

Nicht alle Module sind bei jedem Menschen gleich gut entwickelt. Der Grund dafür können kleine genetische Unterschieden sein; so kann man zum Beispiel ohne jede musikalische Begabung auf die Welt kommen, oder man kann mit einem hervorragenden musikalischen Gehör gesegnet sein und trotzdem hoffnungslos falsch singen, da es sich um zwei verschiedene Module handelt.

Bei vielen Funktionen spielt jedoch Übung, genauer gesagt Übung in jungen Jahren, eine beträchtliche Rolle. In unserer Kindheit trainieren wir, je nach Veranlagung und je nach den Lebensumständen, bestimmte Funktionen gründlicher als andere, wir trainieren z. B. die Unterscheidung von Gesichtsausdrücken oder die sprachliche Ausdrucksfähigkeit oder das musikalische Gehör. Durch langes Üben entstehen auf mikroskopischer Ebene vielfältigere Verknüpfungen zwischen den betroffenen Neuronengruppen. Auf diese Weise werden Fähigkeiten gefestigt und bleiben auch im Erwachsenenleben erhalten.

Wird ein einzelnes Modul aufgrund einer Schädigung z. B. durch eine Gehirnblutung oder einen Tumor funktionsunfähig, sind die anderen Module davon nicht betroffen, da ja jedes Modul seinen festen Platz im Gehirn hat. So kann es zu manchmal höchst sonderbaren kognitiven Ausfällen kommen. Wer Oliver Sacks Buch *Der Mann, der seine Frau mit einem Hut verwechselte* oder eins seiner anderen Bücher gelesen hat, in denen er über eine Reihe klinischer Fälle berichtet, konnte einen guten Einblick in diese Thematik gewinnen. Viele Module wurden bereits mit großer Genauigkeit identifiziert. So ist schon seit Jahren bekannt, daß z. B. die für die Sprache zuständigen Module an bestimmten Stellen der linken Gehirnhälfte liegen. Auch die für den Gesichtssinn wurden gründlich erforscht und sind inzwischen genau bekannt.

Der zweite Punkt, der sich aus dem ersten ergibt, ist der, daß im Gehirn keine Funktion zu finden ist, die an der »Spitze« steht. Es gibt keine Zentrale. Das bedeutet, daß kein Modul vorhanden ist, das alle anderen organisiert und lenkt, und es findet sich auch nirgends ein »Ich-Modul«, das über das Ganze herrscht, sowenig wie es einen bestimmten Ort für den Willen oder für die freie Entscheidung gibt oder so etwas wie einen »höheren« Sitz des Bewußtseins. (Zu dem letzteren Punkt ist jedoch zu sagen, daß es ziemlich einfache, im untersten Teil des Gehirns befindliche Strukturen gibt, die den Schlaf-Wach-Rhythmus und den Wachsamkeitszustand regeln).

Je weiter man in der Gehirnforschung vorankommt, desto klarer erkennt man, daß das Gehirn auch ohne zentrale Steuerorgane bestens funktioniert. Es verfügt auch über keine »Endstationen«, wo z. B. die visuellen oder die mit anderen Arten der Wahrnehmung zusammenhängenden Informationen einlaufen. Das menschliche, aber auch jedes andere Gehirn verarbeitet *dezentral* eine große Informationsmenge. Anstatt sie an irgendeiner geheimnisvollen »Endstation« oder in einer hypothetischen »Kommandozentrale« zusammenzuführen, benutzt es sie einfach *dort, wo sie gebraucht* werden, also für die tausenderlei Aktivitäten, die dem Individuum zum Überleben nützlich sind, wie z. B. die Kooperation oder die Reproduktion. Die Nervenzentren, über die wir verfügen, dienen uns dazu, das zu tun, was unser Leben ausfüllt: Wir brauchen sie, um zu gehen, zu rennen und zu springen, um Liebe zu machen, zu sprechen, ein Buch zu lesen, um über Verlorenes nachzudenken oder uns auf eine aufregende Begegnung vorzubereiten, kurzum, für alle Aspekte unseres Daseins, einschließlich natürlich unserer (unvollkommenen) Fähigkeit, nicht nur die Außenwelt zu erkunden und zu überwachen, sondern auch unseren Körper und unser eigenes Verhalten.[8]

4. Unbewußte Zwecke

Wir haben gerade einen kleinen Einblick in einige Eigenschaften der »internen« oder »inneren« Funktionsweise des Nervensystems gewonnen. Das Nervensystem arbeitet aber umweltbezogen und ist sogar das Hauptsystem, das die Verbindung zwischen dem Organismus und der Außenwelt herstellt. (Ein weiteres wichtiges System ist das Immunsystem.)

Der vorhin erwähnte Nachtfalter bildet das aus, was man früher *Tropismus* nannte, was aber mit Recht auch als Verhalten bezeichnet werden kann. Sein Flug ist eine Verhaltenseinheit. Diese hat einen in der Regel recht gut erkennbaren Anfang und auch einen Abschluß, nämlich wenn der Falter an der Lichtquelle angekommen und beispielsweise in der Flamme verbrannt ist, oder wenn er das Weibchen gefunden hat. Es handelt sich um eine eigengesteuerte Verhaltenseinheit oder, wenn man so will, um ein *System*.

Klar ist, daß man hier nicht von einer Absicht des Falters sprechen kann und auch nicht von einem *Wunsch* oder einer *Spannung* und genausowenig von »Wollen« oder einer auch nur rudimentären Form von Denken. Das Insekt hat auch keine Voraussicht dessen, was es erreichen will, es setzt sich kein Ziel. Die Verwendung derartiger Begriffe im Zusammenhang mit dem Falter ist durch nichts gerechtfertigt, schon deshalb, weil sein Gehirn so winzigklein und einfach ist – es besteht aus kaum mehr als einem Nervenknoten. Wir können uns also denken, daß es nichts enthält, was wir in irgendeiner Weise als Geist, als Subjektivität oder auch nur als Handlungsplan bezeichnen könnten.

Auch bei viel komplexeren Organismen, wie denen der Säugetiere, ist das tierische Verhalten nicht, wie man früher glaubte, auf

Triebkräfte zurückzuführen. Es wird im allgemeinen auch nicht durch bewußte Absichten, durch Wünsche, Vorhaben oder Pläne ausgelöst, sondern hauptsächlich durch Signale. Die Suche nach einem Sexualpartner wird durch »innere« Signale aktiviert (z. B. durch die Ausschüttung von Hormonen im Organismus, die ihrerseits durch eine biologische Uhr und andere Signale wie den Jahreszeitenwechsel aktiviert wird), aber auch durch »äußere« Signale wie den Geruch des in Frage kommenden Partners. Dieses Suchverhalten endet im Moment der Begegnung mit dem anderen Geschlecht. Nun setzen andere Signale ein, die neue Verhaltenseinheiten aktivieren, wie das Liebesspiel, die Paarung usw.

Bei einem Tier wie der Katze, die viel komplexer ist als der Nachtfalter, meinen wir dabei eine ganze Reihe von Gefühlsäußerungen zu erkennen. Beobachten wir mit mehr oder weniger Sympathie eine brünstige Katze, dann sagen wir vielleicht in eher poetischem als nüchtern beschreibendem Ton, sie sei »von Lust und Verlangen erfüllt«. Dabei handelt es sich aber in Wirklichkeit um eine falsche Interpretation, denn es ist zu bezweifeln, daß das auf seine Weise von sexueller Leidenschaft überwältigte Tier weiß, was es tut, oder auch nur eine vage Vorstellung davon hat, wohin das Ganze führen wird.

Das allgemeine Grundschema des Verhaltens ist immer das gleiche. Nehmen wir als Beispiel die Ernährung. Bei der Katze, wie ganz generell bei Tieren, gibt es zunächst aktivierende Signale (wie das Absinken des Blutzuckerspiegels), die ein entsprechendes Verhalten auslösen, in diesem Fall die Futtersuche und das Fressen. Dieses führt wiederum eine neue Situation herbei, nämlich die Dehnung des Magens und den Anstieg des Blutzuckers. Diese Schlußsituation bewirkt eine Desaktivierung des Ernährungsverhaltens, so daß das Tier aufhört zu fressen.

(Festzuhalten ist also, daß wir nicht aufhören zu essen, weil der »Hunger gestillt« ist, sondern weil spezielle, desaktivierende Signale erfolgt sind.)

Daß die Futtersuche im Fall der Katze »intelligente«, eher erlernte als angeborene Vorgehensweisen impliziert, ändert daran nichts Wesentliches. Genauso wie beim Nachtfalter ist durch nichts bewiesen, daß bei der Mäusejagd der Katze ein Wunsch mitspielt (jedenfalls nicht in der Bedeutung, die der Begriff für uns gemeinhin hat), sowenig wie jener spezielle mentale Zustand, den wir als »Absicht, die Maus zu fangen« bezeichnen könnten, und auch kein Wille oder regelrechter Vorsatz. Es ist auch gar nicht nötig, das Vorhandensein von etwas Derartigem anzunehmen, um das Alltagsverhalten unserer Katze erschöpfend zu erklären.

Das Ganze wird verständlicher, wenn wir uns bestimmte künstliche Systeme ansehen. Auf dem Gebiet unbelebter automatischer Systeme ist das Verhalten einer eigengelenkten Flugabwehrrakete ausgefeilter als das eines Nachtfalters, denn sie ist z. B. in der Lage, ein feindliches Flugzeug nicht nur zu verfolgen, sondern auch abzufangen. Auch dies ist ein Beispiel für ein Verhaltenssystem, das einen Beginn, einen Verlauf und einen Abschluß hat und ausschließlich auf der Antwort auf eine Reihe von Signalen basiert.

Bei komplexeren Systemen kann es auch eine Zielerkennung aufgrund einer Suchfigur geben, wie zum Beispiel in Flugzeugen, deren Bordcomputer die Umrisse eventueller feindlicher Flugzeuge gespeichert haben und sie automatisch mit allem vergleichen, was auf dem Radarschirm erscheint, um dann den einzusetzenden Waffentyp und den exakten Zeitpunkt des Abfeuerns zu bestimmen. Trotzdem kann man natürlich nicht sagen, daß das Flugzeug »bewußt nach etwas sucht«, und auch nicht, daß es einem bestimmten *Handlungsplan* folgt, vor allem aber kann es nicht vorausdenken. Das Verhalten eines solchen Flugzeugs ist aufgrund des feineren Unterscheidungsvermögens möglicherweise effektiver als das des Nachtfalters oder das einer einfachen Boden-Luft-Rakete, aber deshalb nicht weniger unbewußt, ungeplant und mechanisch.[9]

Das gleiche gilt für viele andere Beispiele aus der biologischen Welt: für die Glucke, die das Küken piepsen hört und sich auf die Suche nach ihm macht, wenn sie es nicht sehen kann, usw.

Und auch hier soll nirgends etwas Mentales mitwirken?, fragen wir uns. Nein, anscheinend wirklich nicht.

Was wir (sehr konventionell) als das »Mentale« bezeichnen, erscheint allenfalls erst dann ganz allmählich, wenn die Aufgabe bereits komplexer wird und das Gehirn so hochentwickelt ist, daß es sich nicht nur artikulierte Erinnerungen bildet, sondern auch Rekonstruktionen der Wirklichkeit, die es dann dazu verwendet, um auf ungewohnte Situationen anwendbare Verhaltensschemata zu entwickeln. Mentale Qualitäten schreiben wir zu Recht dem Verhalten des Schimpansen zu, den Wolfgang Köhler, einer der Begründer der Gestaltpsychologie, bei seinen berühmten Versuchsreihen mit Menschenaffen Anfang des 20. Jahrhunderts beobachtete. Dieser Schimpanse hielt, als er eine anspruchsvollere Aufgabe lösen sollte, plötzlich inne, anstatt sich weiter mit der Versuch-und-Irrtum-Methode zu verzetteln, und blickte auf das Szenarium vor sich, als würde er *denken*, und vielleicht dachte er tatsächlich.

Zu behaupten, das Tier habe gedacht, heißt, daß es nicht unmittelbar an der Wirklichkeit gearbeitet hat, sondern mit Hilfe eines – mentalen – Modells der Wirklichkeit, und auf diese Weise Zeit und Mühe sparte.

Doch auch die Tatsache, daß dieser Affe anhand eines »inneren« oder mentalen Modells bestimmte operative Hypothesen ausprobiert hat, bedeutet noch nicht, daß er dabei ein regelrechtes *Ziel* im Sinn hatte, das er erreichen wollte.

Wenn man von »Zielsetzung« spricht, meint man damit nämlich normalerweise und mit Recht die bewußte Vorstellung von einem Endzustand. Wenn der Chef seine Sekretärin zum Abendessen einlädt, mit dem Ziel, sie zu verführen, dann kann man davon ausgehen, daß er eine ganz genaue Vorstellung dessen im Kopf hat, was er erreichen will. Eine solche Präfiguration jedoch ist weder für tierisches Verhalten kennzeichnend noch, wie wir auf den nächsten Seiten sehen werden, für die meisten menschlichen Verhaltensweisen.

Dagegen ist es durchaus gerechtfertigt, im Fall der Flugabwehrraketen und auch bei dem erwähnten Nachtfalter von *zielgerichtetem* Verhalten zu sprechen.

Die Einführung dieses Begriffs mag nach allem, was bisher gesagt wurde, vielleicht überraschen, aber sie ist leicht zu rechtfertigen.

Vor allem steht hier kein philosophischer Finalismus oder Teleologismus zur Debatte. Außerdem muß betont werden, daß die Verhaltensweisen, von welchen hier die Rede ist, nicht *subjektiv* zielgerichtet (also beabsichtigt) sind, sondern *objektiv* zielgerichtet. Die Rakete hat keinen Geist, sie plant nicht und hat keine Vorstellung von ihren Zielen. Sie ist aber zum *Zweck* der Flugabwehr gebaut worden, und sie arbeitet und fliegt mit diesem (nicht bewußten) Endziel durch die Luft. Nicht anders ist es mit dem Verhalten des Nachtfalters oder der brünstigen Katze:

Es dient objektiv dem Zweck des Erreichens eines in diesem Verhaltenssystem innerlich vorhandenen Resultats.

Man kann das Ganze auch noch präziser ausdrücken: Das Verhalten ist (objektiv) zielgerichtet, weil es ein motorisches Handlungsmuster darstellt, das eine bestimmte Endsituation *konstruiert* bzw. *determiniert*, durch die es erlischt. Die Endsituation ist in den typischsten Fällen vorteilhaft für den Organismus, der sie konstruiert hat. (Auf den Begriff »vorteilhaft« gehen wir später noch ein.) Das heißt mit anderen Worten, daß jedes Verhalten *etwas bewirkt* bzw. *erreicht*. Strenggenommen ist also *jedes* Verhalten zielgerichtet, ob es nun der Flug des Nachtfalters ist oder ob wir über die Straße gehen oder die Hand nach einem Glas ausstrecken oder uns im Schlaf die Bettdecke bis zum Kinn hochziehen. Ist etwas nicht zielgerichtet, dann haben wir es nicht mit Verhalten im eigentlichen Sinn (oder wenn man so will mit einer Handlung) zu tun, sondern mit einer bloßen Bewegung.[10]

Diese Überlegungen lassen sich auch auf komplexes menschliches Verhalten anwenden. Nehmen wir den Fall des Vierzehnjährigen, der im Frühling, wenn die Tage länger werden, gegen sechs Uhr abends regelmäßig von einer prickelnden Unruhe erfüllt wird, von einem seltsamen und unkontrollierbaren Drang, das Haus zu verlassen und bummeln zu gehen. Er hat das unbestimmte Verlangen, ziellos umherzuschweifen und sich die Welt draußen anzusehen. Was ihn aber tatsächlich antreibt, sind hormonale Signale, von denen er nichts weiß. Er ist also, ohne eine klare Vorstellung zu haben und ohne den Grund seiner Unruhe zu kennen, schon in einen Verhaltensmechanismus geraten, der auf einen Zweck ausgerichtet ist, und dieser Zweck ist in der Praxis offensichtlich die Reproduktion.

5. Die Zuschreibung von Absichten

Jeder Schachspieler ist inzwischen daran gewöhnt, ab und zu gegen einen Computer anzutreten, anstatt mit einem Gegner aus Fleisch und Blut zu spielen, und er weiß auch, daß er sich gleich nach den ersten Zügen zu fragen beginnt, was der Gegner wohl *vorhat*. Er schreibt seinem Computer also eine bewußte, planende und menschliche Vorsätzlichkeit zu.

Wenn wir einen Käfer reizen, dann kann es sein, daß er sich »totstellt«, und wir meinen dann spontan, der Käfer tue das, weil er denkt, wir würden ihn dann endlich in Ruhe lassen. Wird ein Vogel in seinem Nest von einer Schlange bedroht, dann tut er vielleicht so, als sei er flügellahm, und flattert dicht über dem Boden, um die Schlange von den Jungen im Nest abzulenken. Wir sind bei seinem Anblick gerührt über soviel Opferbereitschaft und sind geneigt zu glauben, er handle aus Klugheit und nicht, weil ein Verhaltensprogramm in Gang gesetzt wird, das offenbar nicht weniger starr und automatisch ist als das des Käfers, der sich totstellt. Der große Ethologe Niko Tinbergen hat bei seinen berühmten Forschungen zum Verhalten des Stichlings herausgefunden, daß das Männchen dieser Fischart mit aggressiven Bewegungen auf den roten Bauch des rivalisierenden Männchens reagiert, sich aber nicht minder kämpferisch gebärdet, wenn es rote Gegenstände sieht, und sogar, wenn draußen vor dem Fenster, an dem das Aquarium steht, ein roter Autobus vorbeifährt. Wenn wir glauben, das Stichlingsmännchen *denke* beim Anblick roter Gegenstände – vielleicht weil es ein bißchen blöd oder kurzsichtig ist –, ein anderes Männchen *wolle* es herausfordern und bekämpfen, dann liegen wir mit dieser unmittelbaren, naiven Interpretation seines Verhaltens falsch. Richtig ist, daß ein Standardreiz ein Standardverhalten des Stichlingsmännchens ausgelöst hat.[11]

In einem vielleicht ähnlichen Zusammenhang stellte Piaget fest, daß Kinder glauben, der Wind wehe, weil er wehen »will«, und die Sonne »wisse«, daß sie uns wärmt, denn weshalb sollte sie uns sonst wärmen? Und wenn einem in der kalten Jahreszeit beim Spaziergang am Meer plötzlich eine Welle über den Fuß schwappt und die Schuhe durchnäßt, dann braucht man kein Kind zu sein, um einen Augenblick lang wütend zu denken, eine böswillige und gemeine Welle habe uns einen Streich spielen wollen.[12]

Diese Thematik wäre nicht weiter interessant, würde sie nicht auch die Art und Weise betreffen, in der jeder von uns nicht nur die Verhaltensweisen der anderen, sondern auch seine eigenen deutet.

Was ist intentionales Verhalten? Daß viele unserer Verhaltensweisen nicht nur weniger rational sind, als uns lieb ist, sondern auch viel unüberlegter, als wir zugeben würden, hatten schon skeptische Philosophen früherer Jahrhunderte wie Hume vermutet. Natürlich wäre es falsch und ungerecht, daraus den Schluß zu ziehen, auch wir seien nur biologische Automaten, wie es in gewissem Sinn der Stichling ist. Doch auch wir reagieren wie viele mehr oder weniger sympathische und mehr oder weniger hochentwickelte Lebewesen nicht so sehr aufgrund von Absichten als vielmehr aufgrund von Signalen: Und das ändert sich nicht schon deshalb, weil wir anders als eine Schnecke oder ein Fisch auch imstande sind, unsere Handlungen zu kontrollieren, und weil wir phantasieren, argumentieren und Kultur hervorbringen.

Wittgenstein hat provokatorisch, aber auch sehr ernsthaft gesagt, das sogenannte »willentliche« menschliche Verhalten sei nicht durch das Vorhandensein vorausgegangener mentaler Vorgänge gekennzeichnet, sondern dadurch, daß es uns *nicht überrascht*, so gehandelt zu haben.[13] Seine Schülerin Elisabeth Anscombe hat darauf hingewiesen, daß es falsch ist zu sagen, »wir wüßten«, welches unsere Intentionen sind: Was wir mit Recht behaupten können, sei statt dessen nur, daß wir immer »sagen« können, welches unsere Absichten sind.[14]

Der naiven Psychologie zufolge ist Absicht der mentale Vorgang, der normalerweise dem Verhalten zugrundeliegt: Ich habe die Absicht, etwas zu tun, also tue ich es; ich habe es getan, also hatte ich die Absicht, es zu tun. Das ist jedoch nur eine Aussage von mir, wobei noch nicht gesagt ist, daß sie der Wahrheit entspricht: Tatsächlich ist es eine Aussage, die sich darauf beschränkt, *Verantwortung zuzuschreiben*. Das Verhalten wird hier also in einen *Rechtfertigungskontext* gestellt und nicht in einen *Erklärungskontext*.

In Wirklichkeit bezeichne ich eine Verhaltensweise von mir immer dann als beabsichtigt, wenn ich sie mir vernünftig zu erklären weiß, d. h. wenn ich sie entsprechend den in meiner Umwelt anerkannten Kanons rechtfertigen kann.

Das heißt aber mitnichten, daß ich deshalb auch über die wahren Gründe meines Tuns im Bilde bin, und daß mir klar ist, wohin mich ein bestimmtes Verhalten führen wird.

Es gibt experimentelle Methoden, jemanden dazu zu veranlassen, eine von anderen vorbestimmte Handlung zu vollführen oder eine von anderen im voraus festgelegte Meinung zu äußern, ohne daß er sich in irgendeiner Weise bewußt wäre, manipuliert worden zu sein. Diese Methoden reichen von der Hypnose über die klassischen subliminalen visuellen Botschaften bis hin zu besonderen Tricks der psychologischen Induktion im Rahmen von Gruppendynamiken oder komplexen, ausgeklügelten Laborsituationen (deren bekannteste das dichotische Hören ist), in denen lautliche Botschaften ins Gehirn dringen, die unterhalb der Bewußtseinsschwelle liegen. Der bedeutungsvollste Aspekt all dieser Techniken liegt nicht in ihrer suggestiven Wirkung und auch nicht in der Tatsache, daß der Betroffene nicht weiß, daß er zum Zweck seines späteren Handelns beeinflußt worden ist. Interessant ist vielmehr, daß das Subjekt, wenn es unmittelbar nach dem Experiment befragt wird, jedesmal ohne Zögern erklärt, es habe so gehandelt oder sich so geäußert, ohne von jemandem beeinflußt worden zu sein, einzig und allein auf Grund einer freien Entscheidung, die auf bewußten, vernünftigen Kriterien beruhte. Diese Kriterien kann der Betreffende übrigens auch ohne Schwierigkeiten erläutern.

Eine ganze Sparte der modernen Psychologie befaßt sich mit der Frage der *Kausalattributionen* und untersucht, auf welche Art und Weise sich jeder von uns in seinem Lebensalltag Erklärungen ausdenkt, um nicht nur dem Verhalten der anderen, sondern auch seinem eigenen diesen oder jenen Beweggrund zuzuschreiben.[15]

Nebenbei ist hier noch auf einen besonderen Irrtum hinzuweisen, zu dem wir – wieder einmal – durch unsere naive Psychologie verleitet werden. Wenn wir es mit einem Menschen zu tun haben, der in einer bestimmten emotionalen »Verfassung« ist (z. B. gerade fröhlich oder im Gegenteil traurig und düster gestimmt ist) und zugleich ein bestimmtes Verhalten an den Tag legt (sich z. B. kooperativ oder auch feindselig zeigt), dann neigen wir stets dazu zu glauben, seine (emotionale) Verfassung sei der *innerliche Grund* für seine »äußere« oder manifeste Verhaltensweise. Oft ist aber genau das Gegenteil der Fall: Das sichtbare Verhalten wurde durch andere Ursachen ausgelöst, und die Gemütsverfassung wurde durch einen »Ansteckungseffekt« herbeigeführt.

Beispiele dieser Art der Umkehrung von Ursache und Wirkung ließen sich viele nennen. Wir greifen eines aus dem sozialen Bereich heraus: den Zusammenhang zwischen Rassismus und Gruppenkonflikten. Wenn Konflikte zwischen ethnischen Gruppen z. B. in einem Armenviertel einer amerikanischen Großstadt oder auf dem Balkan oder im Orient zwischen Indonesiern und der chinesischen Minderheit ausbrechen, haben wir es mit Äußerungen von Rassenhaß oder auch mit offenen Zusammenstößen zwischen den Parteien zu tun. Wir neigen dann spontan zu der Ansicht, Rassismus als irrationales Stereotyp sei die Ursache dieser Auseinandersetzungen. Statt dessen ist er aber oft deren Folge. Nicht selten waren nämlich vor Ausbruch der Feindseligkeiten gar keine signifikanten Rassenvorurteile vorhanden, und der Konflikt wurde durch andere Ursachen ausgelöst, die den beiden Gegnern nicht einmal genau bewußt waren. Manchmal geht es um die Frage des Zugriffs auf Ressourcen in wirtschaftlichen Krisenzeiten oder um eine Störung der vorherigen politischen Gleichgewichte. Tatsächlich entwickeln sich die emotionalsten und ungerechtfertigsten Überzeugungen, die zu rassistischen Ausbrüchen führen (»Die denken nicht so wie wir«; »Diese Ratten müssen ausgetilgt werden!«) erst im Lauf des Konflikts. Ihre Hauptfunktion besteht darin, nachträglich eine – zugleich emotionale und ideologische – Rechtfertigung für schon begangene Gewalttaten zu liefern.[16]

Sozialpsychologen bestätigen einen alten Verdacht: Wir Menschen haben die Tugend, an das zu glauben, was wir getan haben, aber den Fehler zu behaupten, wir hätten das getan, woran wir glaubten.

Die oben angeführten experimentellen Daten und viele andere stellen die traditionelle Ansicht in Frage, das gewöhnliche Alltagsverhalten des Menschen hänge mit *Zielen* bzw. mit der (bewußten, planmäßigen) Vorstellung von angestrebten »Endsituationen« zusammen.

Es stimmt natürlich, daß *einige* menschliche Verhaltensweisen solche Ziele anstreben, also im vollen Wortsinn beabsichtigt sind. *Manche* unserer Handlungen sind wirklich wie ein Gebäude, das von einem Architekten nach einem genauen Plan errichtet wurde. Das heißt aber nicht, daß solche Handlungen häufig sind oder daß der übliche Verlauf unserer Handlungen von dieser Art ist.

Möglicherweise gleicht das menschliche Alltagsverhalten oft eher dem des oben erwähnten Vierzehnjährigen, der erkundende Verhaltenssequenzen beginnt, deren auslösende Ursache ihm sowenig bekannt ist wie ihr Ziel. Jeder von uns setzt von morgens bis abends Verhaltensweisen in Gang, von denen er nicht weiß, woher sie kommen noch wohin sie führen.

Solche Verhaltensweisen sind größtenteils Handlungsmuster, die in unserer kulturellen Welt konsolidiert sind, Drehbücher für normales Sozialverhalten, Kalender für Gepflogenheiten, wiederkehrende Anlässe, Riten und Feiern und auch banale Gewohnheiten.[17]

Bezeichnend ist dabei, daß einige dieser gewohnheitsmäßigen Verhaltensweisen unseren bewußteren Absichten sogar zuwiderlaufen können. Gewohnheiten, die wir lieber nicht hätten, sind uns nur allzu gut bekannt: Wir essen zuviel, trinken Alkohol und rauchen Zigaretten, obwohl wir genau wissen, daß es uns schadet, wir lassen uns immer wieder in Versuchung führen und zu »Sünden« hinreißen, die wir aus moralischen oder religiösen Gründen lieber meiden würden, oder wir verfallen ganz einfach in Trägheit und verbringen unsinnig viel Zeit vor dem Fernseher. Alle diese Verhaltensweisen werden durch übermächtige Signale ausgelöst, die organisch bedingt sein können, aufgrund chemischer Gewöhnung wie im Fall der Zigaretten oder anderer Drogen, aber in Form von starken sozialen Botschaften oder Konditionierungen auch von außen kommen können.

Ebensogut kennen wir auch die entgegengesetzten, also die »tugendhaften« Signale, und wir hätten gern, daß sie stets die Oberhand behielten. Auch sie können ganz unterschiedlicher Art sein: Ratschläge von Angehörigen oder Ärzten, Moralpredigten, abschreckende Warnhinweise auf den Zigarettenschachteln, die Erinnerung an den schmerzenden Kopf nach dem letzten Alkoholrausch, die Selbstermahnungen und die guten Vorsätze, die wir fassen, wenn wir uns morgens im Spiegel sehen. All diese Signale sind aber, wie wir wissen, leider oft nicht stark genug, und die anderen Signale, die uns zu eher unvernünftigem Verhalten treiben, setzen sich wieder durch.

Erstaunt uns das? Nicht besonders. Man muß schon recht naiv sein und recht wenig von Psychologie verstehen, um sich zu wundern, wenn man abends feststellt, daß man das Gegenteil von dem getan hat, was man sich am Morgen vorgenommen hatte.

Zum Glück gelingt es uns in den meisten Fällen, bei unseren Handlungen weder allzu streng mit uns selbst noch allzu selbstzerstörerisch zu sein. Der schon mehrmals erwähnte Vierzehnjährige entdeckt auf seinen Streifzügen vielleicht neue Empfindungen, die ihn nach und nach in eine präzisere, vielversprechende Richtung lenken: Die Beine eines hübschen Mädchens wären z. B. ein nützliches Signal, um in seinem Gehirn Bilder und Handlungsmuster zu aktivieren, die klarer auf ein Ziel ausgerichtet sind.

In ähnlicher Weise und ganz allgemein haben wir schon als Säuglinge begonnen, zunächst mit Blicken aktiv die Welt zu erforschen, und als wir dann herumkrabbeln oder laufen konnten, sind wir auf tausenderlei neue natürliche Empfindungen und soziale Signale gestoßen, die uns veranlaßt haben, uns immer adaptivere und lernfähigere Verhaltenweisen aufzubauen. Wir sind von Geburt an unermüdlich forschende Organismen, die durch die vielfältigsten Reize gesteuert und immer wieder korrigiert werden, und so haben wir nach und nach gelernt, immer komplexere und effizientere Handlungsschemata zu bilden, ohne weiter darüber nachzudenken.

Wenn wir uns im Geist etwas vornehmen oder eine Handlung mit einem uns klar vor Augen stehenden Ziel planen, ist in dem oben geschilderten Kontext allerdings nicht gesagt, daß dieses Ziel auch wirklich der Beweggrund, der »Motor« für das entsprechende Verhalten ist. Die bewußte Planung der Handlung, wenn es sie denn gibt, könnte sich als unbedeutender erweisen, als es auf den ersten Blick erscheint.

Hier ein Beispiel, um das Ganze zu erläutern: Wenn ich an meinem Computer sitze und arbeite und mir fällt plötzlich ein, daß ich etwas trinken möchte, dann stelle ich mir, während ich noch dasitze, vielleicht genau die Bewegungen vor, die ich in den nächsten fünf Minuten machen werde, um meinen Durst zu stillen. Es wäre aber naiv von mir zu glauben, daß ich diese Handlungssequenz (aufstehen, zum Kühlschrank gehen etc.) deshalb ausführe, weil ich es gewollt und geplant hätte. Ich vollführe sie vielmehr aus anderen Gründen, die schon vor meiner Planung vorhanden waren, z. B. weil ich durstig war. Diese Beweggründe, in diesem Fall der Durst, sind *Signale*, die eine Sequenz in Gang gesetzt haben, die in Wirklichkeit schon begonnen hat, *bevor* ich aufgestanden bin und auch bevor ich bewußt daran gedacht oder es beschlossen hatte. Es gab also eine komplexe *zielgerichtete* Sequenz größerer und kleinerer Ereignisse, zu denen vielleicht auch scheinbar so unbedeutende Dinge gehören wie mein Hin- und Herrutschen auf dem Stuhl in den letzten zwanzig Minuten. Diese Sequenz oder Kette von Ereignissen, die auf den Durst, auf die Langeweile und viele andere, mir vielleicht gar nicht bewußte Faktoren zurückzuführen ist, erzeugt und beinhaltet irgendwann auch das antizipierende Bild oder den Plan meines bevorstehenden Aufstehens, Zum-Kühlschrank-Gehens und Bierflaschenöffnens.

Dies einzusehen ist gegen unsere Intuition und scheinbar paradox. Sehen wir uns eine typische zielgerichtete Handlungskette wie die eben geschilderte genauer an, entdecken wir, daß das mentale Ereignis, das wir als Projekt (oder als bewußt auf ein Ziel ausgerichteten Plan) bezeichnen, nicht die Ursache für die Sequenz, sondern im Gegenteil eine Folge davon ist.[18]

6. Wozu Träume gut sind

Bisher haben wir gesehen, wie bestimmte Aspekte unserer Subjektivität und unseres Verhaltens »hergestellt« werden. Dementsprechend können wir uns fragen, wie die verschiedensten psychischen Vorgänge, z. B. der Mechanismus des Traums, funktionieren: Dazu müssen wir herausfinden, welche Ursache der Traum hat und wie es kommt, daß er in unserem Kopf entsteht, während wir schlafen.

Müßig mag einem dagegen eine etwas anders gestellte und scheinbar naivere Frage vorkommen, nämlich die, wozu Träume gut sind. Da könnte man ja auch fragen, welchen Nutzen der Regenbogen hat oder wozu die Welt gut ist. Weshalb muß ein Traum zu etwas gut sein? Auf jeden Fall ist er ein faszinierendes Phänomen, auch wenn er zu nichts nütze sein sollte. Vielleicht erscheinen uns im Traum ja die richtigen Lottozahlen, und wir können auch versuchen, unsere Träume zu deuten und auf diese Weise möglicherweise etwas daraus lernen. Daß Mutter Natur die Träume erfunden hat, damit wir Traumdeutung betreiben können, ist freilich höchst unwahrscheinlich, und so kommt uns der Verdacht, daß die Frage nach dem Nutzen eines bestimmten Phänomens nicht wissenschaftlich ist.

Vielleicht ist sie es aber doch. Erinnern wir uns an ein anderes Thema, das indirekt mit unseren Zweifeln hinsichtlich des Traums zu tun hat. Weiter oben haben wir von »zielgerichteten« Mechanismen und »vorteilhaften« Verhaltensresultaten gesprochen. Möglicherweise hat sich mancher Leser schon gefragt, was dieses »vorteilhaft« eigentlich genau bedeutet. Vorteilhaft für wen und gegenüber wem? Zu welchem Zweck? Bedeutet vorteilhaft hier einfach soviel wie nützlich? Nützlich wozu? Und in welchem Kontext?

In der Tat ist der Kontext genau das, worauf es hier ankommt. Wie wir vielleicht schon erkannt haben, bedeutet »Vorteil« hier in erster Linie etwas ganz Wesentliches, nämlich bessere Überlebensfähigkeit (fressen, anstatt gefressen zu werden), und vor allem bessere Reproduktionsfähigkeit. Da fällt uns wieder der Flug des Nachtfalters ein: Dieses Insekt ist hauptsächlich eine kleine Maschine zur Produktion neuer Nachtfalter.

Der entscheidende Punkt, an den der Laie vielleicht zunächst gar nicht denkt, ist dabei, daß es keine zwei genau gleichen Nachtfalter gibt: Der eine fliegt besser, der andere schlechter. Denn in ihrem Erbgut, der berühmten DNA, gibt es immer kleine, ganz zufällige individuelle Abweichungen, vor allem aufgrund der mit der sexuellen Reproduktion zusammenhängenden Vermischung, aus der jeder Organismus hervorgegangen ist. Aus diesem Grund sind nicht alle Individuen – ganz gleich, ob es sich um Nachtfalter, Mäuse, Seehunde oder um unsere Urahnen, die ersten Hominiden handelt – im Leben gleich erfolgreich, ja es sind sogar ganz wenige wirklich erfolgreich. Einige Individuen sind – zufällig – mit Eigenschaften bedacht worden, dank derer sie letztendlich weniger gefressen werden und selbst mehr fressen, jedenfalls in ihrer speziellen Umwelt. So sterben sie nicht schon in ihrer Jugend und schaffen es obendrein, mit gleichgeschlechtlichen Artgenossen zu konkurrieren und sich mit dem anderen Geschlecht zu paaren, während viele andere das Nachsehen haben und von der Reproduktion ausgeschlossen werden. (Diese Art von Auslese kommt bei vielen Tierarten zum Zuge.) Diejenigen, die das Glück hatten, sich paaren zu können, geben die genetischen Merkmale, dank derer sie sich durchsetzen konnten, an ihre Kinder weiter, während alle anderen zugrundegehen, ohne Nachkommen zu hinterlassen. Auf diese Weise verschwinden weniger vorteilhafte Erbanlagen von der Bildfläche.

Anders als es aufgrund intuitiver Kriterien scheinen mag, kann dieser Prozeß einen sehr raschen Wandel herbeiführen.

Das wird deutlich, wenn plötzliche Umweltveränderungen einerseits zum Tod solcher Individuen führen, die zufällig nicht überlebensfähig waren (es kann auch die große Mehrheit sein), andererseits die rasche Entwicklung der vielleicht ganz wenigen bewirken, die zufällig Träger einer genetischen Struktur waren, dank derer sie die veränderten Bedingungen tolerieren konnten. So können binnen weniger Tage aus einer Population von Mikroorganismen neue, gegen Antibiotika resistente Stämme hervorgehen, und eine Insektenpopulation kann innerhalb weniger Jahre Aussehen und Struktur verändern, um sich an die Umweltverschmutzung anzupassen.

Durch den gleichen Prozeß entstanden auch komplexe Organe wie z. B.: das Auge. Darwin selbst hat sich als erster mit dem Auge befaßt, und auch wir fragen uns manchmal, ob wirklich allein durch kleine, zufällige Mutationen und durch Selbstauslese von einer Generation zur anderen aus zunächst ganz einfachen, lichtempfindlichen Zellen nach und nach immer leistungsfähigere Sehorganellen und schließlich so wunderbare Gebilde wie unsere Augen entstehen konnten, oder ob da nicht doch irgendwo ein Schöpfungsplan beteiligt war. Millionen Jahre scheinen uns nicht genug für die Entstehung eines solchen Wunderwerks. In der Tat ist es nicht gleichgültig, daß diese Entwicklung nicht Millionen, sondern Milliarden Jahre gedauert hat: Nach den heute möglichen, recht präzisen Berechnungen hatte die natürliche Auslese seit dem ersten Auftreten von Leben auf der Erde vor drei oder vielleicht vier Milliarden Jahren genug Zeit, nicht nur einen, sondern verschiedene Typen von Augen zu entwickeln (darunter das unsere, das noch nicht einmal das leistungsfähigste ist), und zwar von jedem Augentyp nicht nur eine, sondern mehrere Versionen. Nach Schätzung mancher Wissenschaftler reichen 364.000 Generationen aus, um ein mit Linse ausgestattetes Fischauge hervorzubringen.[19]

Dies ist, kurz zusammengefaßt, die Darwinsche Evolutionstheorie.

Im Darwinschen Kontext des Überlebens und der Fortpflanzung bekommt auch die Frage nach dem Nutzen der Träume Sinn. Denn auch sie kann unter dem Gesichtspunkt des Vorteils gestellt werden, also etwa in der folgenden Weise: Wir wissen, daß einige Spezies, darunter die menschliche, offenbar im Schlaf die automatische Aktivität eines komplexen Gehirns ausnutzen und daß sie deshalb träumen; und wir wissen auch, daß es einfachere Arten gibt, die offenbar nicht träumen. Auch dies ist wieder das Ergebnis der natürlichen Auslese. Können wir also annehmen, daß Arten, die zum Träumen befähigt sind, gegenüber anderen, vielleicht auch nur geringfügig, im Vorteil sind? Daß sie damit ein effizienteres Instrumentarium besitzen, um in der Welt zurechtzukommen? Und ist möglicherweise auch auf der individuellen Ebene der Vielträumer gegenüber demjenigen im Vorteil, der weniger träumt?

Es muß jedoch gleich hinzufügt werden, daß es noch keine Antwort auf diese Fragen gibt. Man weiß ja noch nicht einmal genau, ob und in welchem Sinn Träume nützlich sind. Wahrscheinlich sind sie es, aber viel mehr wissen wir nicht. Wir wissen jedoch, daß die Frage nach ihrem Nutzen berechtigt ist; und an eben diesem Begriff des Nutzens (oder auch des Vorteils) orientieren wir uns, wenn wir Hypothesen zum Wesen der Träume, also zu ihrer Herausbildung als Phänomene aufstellen. Es ist zum Beispiel nicht unwahrscheinlich, daß sie »Probeszenarien« sind, Simulationsspiele, virtuelle Testläufe, und daß sie dazu dienen, die eigenen emotionalen Fähigkeiten zu bewerten und Reaktionsmuster bereitzustellen. Das *könnte* auch ein Grund sein, warum es letzlich – vielleicht – besser ist, zu träumen als nicht zu träumen.

Vierte Lektion
DIE TALENTFABRIK

1. Die Geschichte, die aus uns gemacht hat, was wir sind

In der dritten Lektion haben wir einige einfache Aspekte der Psychologie behandelt. In dieser Lektion werden wir uns mit etwas komplexeren Dingen befassen. Ich möchte den Leser mit einem speziellen Thema bekanntmachen, bei dem es um die (intellektuellen, moralischen und affektiven) Eigenschaften geht, mit denen wir alle auf die Welt kommen.

Wir knüpfen dabei an eine Geistesströmung an, von der wir eben schon gesprochen haben, nämlich an Darwins Theorie von der Evolution der Arten.

Die Evolutionstheorie hat auch für die heutige wissenschaftliche Kultur nichts von ihrer Bedeutung verloren. In den letzten Jahren hat man die Evolutionsprozesse viel eingehender untersucht und ein viel profunderes Verständnis davon erlangt als in der Vergangenheit, und bei den Meinungsverschiedenheiten unter den Gelehrten (oder besser gesagt unter den Wissenschaftlern, die sich mit diesem Problemgebiet befassen) geht es heute vor allem um methodologische und ideologische Aspekte, die nicht von zentraler Bedeutung sind.[1] Die Darwinsche Evolutionstheorie ist heute ebenso unumstritten wie die Atomtheorie, und sie hat einen viel höheren Erkenntniswert, als noch vor kurzer Zeit angenommen wurde. Sie liefert uns die Erklärung nicht nur für die Geschichte der biologischen Arten, sondern auch für bestimmte, früher rätselhaft erscheinende Aspekte tierischen und zum Teil auch menschlichen Verhaltens. Sie hat eine Bedeutungserweiterung erfahren und liefert ein Modell, das zur Erhellung auch nicht unmittelbar mit der Evolution der Arten zusammenhängender biologischer Phänomene beiträgt, wie der Immunabwehr oder der Entwicklung der Verknüpfungen im Gehirn während der Kindheit.² In jüngster Zeit hat Darwins Theorie außer in der Biologie auch in vielen anderen Disziplinen, wie den Gesellschafts- oder den Wirtschaftswissenschaften, zentrale Bedeutung gewonnen.³

Die Darwinschen Forschungen veranlassen uns, über unsere lange Geschichte nachzudenken.

Die ersten Organismen entstanden auf der Erde vor etwa drei Milliarden Jahren. Die Geschichte unserer Spezies ist auf das letzte Tausendstel dieses Zeitraums beschränkt. Regelrechte organisierte menschliche Gesellschaften gibt es freilich erst im letzten Zweihundertstel dieses Tausendstels, also erst seit weniger als 15.000 Jahren.

Der Primatenstamm, aus dem die menschliche Spezies hervorging, hatte sich von dem der anderen Affen schon vor sieben bis fünf Millionen Jahren abgespalten. Würde man uns jedoch in die Zeit vor drei Millionen Jahren zurückversetzen, also an den Beginn des erwähnten und für uns als Spezies interessanten Tausendstels, und würden wir dort unseren Vorfahren begegnen, dann stünden wir vor kleinwüchsigen Zweibeinern ohne wirkliche menschliche Merkmale. Der erst in noch jüngerer Zeit, vor anderthalb Millionen Jahren, also zu Beginn des letzten Zweitausendstels der Geschichte des Lebens auftretende *Homo erectus* hatte ein Gehirn, das nur halb so groß war wie unser heutiges.

Auch ihn würden wir wohl eher für einen Affen als für unseresgleichen halten, wenn wir ihn in Fleisch und Blut vor uns sehen könnten.

Es dauerte noch sehr lange, nämlich bis vor 200.000, genaugenommen sogar bis vor 100.000 Jahren, bis sich verschiedene Arten von Hominiden auszubreiten begannen, die man spontan als unsere Verwandten anerkennen würde. Zu ihnen gehört der Neandertaler, von dem es viele Spuren gibt. Er war uns ähnlich, wenn auch nur bis zu einem gewissen Grad: Wahrscheinlich verfügte er nur über eine rudimentäre Sprache, und seine Lebensweise könnte man bei oberflächlicher Sichtweise als ziemlich tierisch bezeichnen. Er war zwar imstande, Steine als Faustkeile und scharfe Kiesel als Schneidwerkzeug zu benutzen, regelrechte Werkzeuge wie Angeln oder Äxte konnte er aber noch nicht herstellen. Ob er seine Toten begrub, weiß man nicht genau.

Einige Zehntausend Jahre später, also vor etwa 30 000 bis 40.000 Jahren, starb der Neandertaler aus. Er hat im – wie wir uns vorstellen können, ziemlich blutigen – Wettstreit gegen einen anderen Hominidenstamm, den des sogenannten *Homo sapiens sapiens* oder Cro-Magnon-Menschen, den kürzeren gezogen. Die Cro-Magnon-Menschen waren weniger muskulös, dafür aber intelligenter als die Neandertaler und entwickelten ihre Eigenschaften durch die Jahrtausende hindurch weiter. Nach relativ kurzer Zeit beherrschten sie ganz allein die Szene. Sie sind unsere direkten Vorfahren.

Kämpferisch, fruchtbar und gut organisiert, wie sie waren, haben diese unsere Urahnen vor etwa 30 000 Jahren von Afrika aus bereits einen Großteil der Erde erobert. Als äußerst tüchtige Großwildjäger rotteten sie bei ihrem Vorstoß in die anderen Kontinente zahlreiche Arten aus, vor allem flugunfähige Vögel und große Säugetiere wie das Mammut, und veränderten dadurch das ökologische Panorama. Ihre Überlegenheit gegenüber den Tieren ist nunmehr in der Tat überwältigend. Sie haben eine Sprache, kleiden sich in Felle, stellen aus Knochensplittern Angelhaken her, benutzen Speere und malen Höhlenbilder, die wir heute noch bewundern können.

Vor etwa 12 000 Jahren entwickeln sich Dörfer, und in den darauffolgenden Jahrtausenden kommt es zu einem Wandel in der Art der Nahrungsbeschaffung: Während man sich bis dahin das Überleben mit Jagen und mit dem Sammeln von Wildpflanzen sicherte, beginnt man nun mit Erfolg Tiere zu domestizieren und Landwirtschaft zu betreiben. Dieser Wandel führt unter anderem zu einem starken Bevölkerungswachstum.

Was nun folgt, ist sozusagen jüngere Geschichte; und es ist auch die Geschichte der sozialen Organisationen. Vor etwa 5000 Jahren beginnt die Bronzezeit, und es tauchen die ersten schriftlichen Dokumente auf. Seit 3000 Jahren bis heute entwickelt die Menschheit immer komplexere kulturelle Mittel, die einen immer rascheren Wandel der Lebensverhältnisse ermöglichen. Vor vierhundert Jahren entsteht die moderne Wissenschaft; im 18. Jahrhundert beginnt man dank Gelehrter wie Lavoisier zu verstehen, woraus Materie besteht; andere Wissenschaftler wie Buffon und Cuvier schaffen die Grundlagen für die Geschichte der Arten und bahnen damit den Weg für die Rekonstruktion der abenteuerlichen Entwicklungsgeschichte der Menschheit.[4]

2. Wir sind alle gleich – mit einigen Folgen

Die abwechslungsreiche Menschheitsgeschichte ist auch für den Psychologen interessant, denn er fragt sich, in welcher Weise sie das Gehirn geformt hat, über das wir verfügen.[5]

Die Erforschung der Evolution sagt uns, daß der Evolutionsgedanke als solcher nicht auf naive Weise aufgefaßt werden darf. Die biologische Welt läßt sich nicht als hierarchische Ordnung zusammenfassen, auf der jeder Organismus den ihm zukommenden Platz einnimmt (wobei wir uns selbst gern auf der obersten Stufe sehen, vielleicht ein ganzes Stück über allen anderen), und sie setzt sich auch nicht einfach aus »höheren« und »niederen« Organismen zusammen. Der biologische Kosmos ist vielmehr ein weitverzweigtes Ganzes aus mehr oder minder komplexen und mehr oder weniger gut für das Überleben in unterschiedlichen Lebensräumen geeigneten Organismen. In diesem Kontext ist auch unser Geist keineswegs das Nonplusultra der Möglichkeiten. Vor allem ist er bei aller Anpassungsfähigkeit doch nicht unbegrenzt anpassungsfähig. Es ist nur *ein* möglicher Geist, *ein bestimmter Typ* von Gehirn.

Als 1997 der Schachweltmeister Gary Kasparow von einem Computerprogramm namens *Deep Blue II* besiegt wurde, erwies sich die Intelligenz des Menschen der des Computers in keiner Weise überlegen. Freilich handelte es sich um zwei ganz verschiedene Arten von Intelligenz: Der Rechner folgte bei der Entscheidung über seine Schachzüge einer Vorgehensweise, die mit der des menschlichen Gehirns nichts gemeinsam hatte.

Nicht nur kann die Intelligenz, mit der wir ausgestattet sind, kaum den Anspruch erheben, einer absoluten »Vernunft« nahezukommen, es scheint auch gewiß, daß unsere Art zu denken auf

jeden Fall ungenauer und konkreter, weniger abstrakt, weniger
»rein« und weit weniger formal-logisch ist, als bis vor wenigen
Jahren angenommen wurde.[6] Wie wir schon im Zusammenhang
mit den Emotionen gesehen haben, gehört die etwas überheb-
liche Betonung der (scheinbaren) formal-logischen Vortrefflich-
keit des Intellekts einer rationalistisch geprägten Denktradition
an.[7] Sicherlich spricht man mit Recht von menschlicher Intelligenz generell und sogar von einer »diffusen« oder aspezifischen
Fähigkeit zur kognitiven Verarbeitung. (Die »allgemeine« Intelligenz wird mit einem inzwischen überholten, aber immer noch
nicht von der Bildfläche verschwundenen Faktor g angezeigt.) In
der Praxis besteht das, was wir als Intelligenz bezeichnen, jedoch weniger in einem universalen operativen Leistungsvermögen als vielmehr in Summen von Fähigkeiten. Wir verfügen
hauptsächlich über kognitive Fertigkeiten, die darauf ausgerichtet sind, *in einer bestimmten Art und Weise* mit Situationen umzugehen, wobei diese Art und Weise nicht unbedingt die bestmög-
liche sein muß. Die zahlreichen, in jüngster Zeit durchgeführten
Untersuchungen über die irrationalen Seiten menschlichen Verhaltens haben ans Licht gebracht, daß wir alle dazu neigen, bestimmte Probleme nicht auf die logischste und oft auch nicht auf
die realistischste Weise zu lösen, sondern solche Verfahren anwenden, die am ehesten der Funktionsweise unseres Gehirns
entsprechen. Diese Strategien können sich in vielen Situationen
als richtig erweisen, in anderen dagegen sind sie Quelle erstaun-
licher Irrtümer.[8]

Unser Gehirn ist dem des Cro-Magnon-Menschen noch sehr
ähnlich. Seit damals ist zuwenig Zeit vergangen, als daß es sich
signifikant weiterentwickelt hätte.

Auch über die neurologischen und psychischen Aspekte hinaus weist der heutige *Homo sapiens* im Vergleich zu anderen Arten trotz auffälliger, aber sekundärer Unterschiede wie der Hautfarbe in allen geographischen Zonen erstaunlich einheitliche Körpermerkmale auf. Die Mehrheit der Forscher ist der Ansicht, daß die Eigenschaften und Grundfähigkeiten des menschlichen Gehirns oder, wenn man so will, des menschlichen Geistes, bei allen Völkern der Erde im wesentlichen einheitlich sind. Natürlich gibt es erhebliche Charakterunterschiede (und innerhalb der verschiedenen Charaktere auch beträchtliche Intelligenzunterschiede), die aber zwischen den einzelnen Personen innerhalb einer natürlichen Bevölkerung stärker ausgeprägt sind als zwischen einem Volk und dem anderen.

Das Gehirn ist ein empfindliches Organ. Es ist anfällig für Funktionsstörungen, es muß stimuliert werden und braucht günstige Umweltbedingungen, um sich vom Augenblick der Empfängnis an optimal entwickeln zu können. Auch in diesem Punkt verfügt man heute über viel genauere Kenntnisse als noch vor wenigen Jahren.

Was die Entwicklung des Kindes betrifft, wissen wir, daß die Antwort der Umwelt auf seine Bedürfnisse nicht über bestimmte, recht enge Grenzen hinaus schwanken darf, ohne daß dadurch Schäden hervorgerufen werden.

Beginnen wir vielleicht am besten mit einem medizinisch-biologischen Beispiel. Schon ein bloßer Vitamin- und Proteinmangel während der Schwangerschaft, der sich nicht einmal in augenfälligen körperlichen Symptomen manifestieren muß, kann zu einer Entwicklungsstörung der Intelligenz führen. Wer sich heutzutage mit der Epidemiologie psychischer Leiden befaßt, sollte nicht vergessen, daß eins der größten Probleme auf diesem Gebiet die Folgen der qualitativen Unterernährung eines Großteils der Kinder auf der Welt sind.

Vor kurzem hat man auch herausgefunden, daß ein Mangel an sensorischen und geistigen Reizen in der Kindheit und Jugendzeit eine unzulängliche Entwicklung der Nervenverbindungen im Gehirn zur Folge hat. Und seit einigen Jahrzehnten ist bekannt, daß mangelnde elterliche Fürsorge in den ersten Lebensjahren zu physischen und psychischen Mangelerscheinungen und Fehlentwicklungen führen kann.

Solche Kenntnisse erscheinen vielleicht banal, aber sie markieren einen Perspektivenwechsel gegenüber den noch vor fünfzig Jahren vorherrschenden Auffassungen.

Damals war man sich nicht darüber im klaren, daß die kindliche Entwicklung nur dann problemlos vor sich gehen kann, wenn die entsprechenden Umweltbedingungen gewährleistet sind. Vor allem wußte man nicht oder wollte man nicht sehen, daß diese Bedingungen relativ starr sind. Es bestand nicht nur eine gewisse Neigung, dem Gedanken an eine menschliche Natur zu mißtrauen, sondern man lehnte es auch ab, sie als etwas von körperlichen Gegebenheiten Begrenztes zu sehen. Der mit dem Begriff Kulturalismus bezeichneten ideologischen Orientierung zufolge war der menschliche Geist etwas rein Historisch-Kulturelles und nicht etwas Biologisch-Natürliches. Man hielt ihn daher für äußerst anpassungsfähig, vielleicht sogar für unbegrenzt formbar. Daraus zog man den irrigen Schluß, die Fürsorge für die Kinder und die Erziehungskriterien könnten je nach den lokalen Traditionen stark variieren, ohne daß daraus irgendwelche negativen Folgen resultieren würden.

Für diese Position stand im Rahmen der völkerkundlichen

Forschungen vor allem die in den dreißiger und vierziger Jahren aufkommende Kultur-Schule, deren wichtigste und noch heute bekannten Vertreterinnen Ruth Benedict und Margaret Mead waren. Mit einer etwas mythisierenden Einstellung gegenüber den primitiven Kulturen vertraten die Kulturanthropologen die Ansicht, die unterschiedlichen Arten des Umgangs mit der Kindheit seien Ausdruck der jeweiligen Lebens- und Denkweise und bei aller Verschiedenheit zwischen den Völkern alle als gleichwertig zu betrachten.

Sicherlich gab es gute Gründe, eine solche relativistische, von einer achtungsvollen – und vielleicht sogar bewundernden – Demut gegenüber »fremden« Kulturen geprägte Haltung zu vertreten. Sie hatte nur den in Wirklichkeit nicht unerheblichen Fehler, so wichtige Faktoren unterzubewerten wie Armut, Krankheit, Hunger, Ausbeutung und mangelnde Bildung, von denen das Leben in vorindustriellen Kulturen geprägt war.

Auch heute tappt man noch leicht in diese Falle. Wir neigen dazu, alles zu idealisieren, was uns exotisch erscheint, und halten alles, was aus fernen Kulturen kommt, für besser und authentischer. Nehmen wir ein einfaches Beispiel: Das Foto eines indischen Mädchens in einer Illustrierten fasziniert uns wegen der natürlichen Anmut der Kleinen, ihrer bunten Kleidung, der Kettchen und Amulette, die von einer jahrtausendealten Kultur zeugen. Das Mädchen auf dem Foto ist keine Fiktion, es lebt in einer wirklichen Welt. Der hübsche Anblick läßt uns jedoch andere, weniger angenehme Seiten dieser Kultur vergessen. Wenn die junge Inderin, wie es wahrscheinlich ist, einer unterprivilegierten Kaste angehört, wird ihre geistige Entwicklung durch die schlechte, proteinarme Ernährung beeinträchtigt, vor allem aber wird ihr zukünftiges Lebensschicksal – vielleicht sogar auf gravierende Weise – durch das Fehlen von Bildungseinrichtungen und durch mangelnde medizinische Versorgung ebenso geprägt sein wie durch sexistische Unterdrückung und die eisernen Fesseln von Vorurteilen, Verboten und Aberglauben.

Von den sechziger Jahren an zwangen verschiedene Forschungsrichtungen sowohl in den Gesellschaftswissenschaften als auch im Bereich der Biowissenschaften den Kulturrelativismus zu einer Revision.[9] Eins der spektakulärsten Ereignisse war dabei eine Buchveröffentlichung des Anthropologen Derek Freeman im Jahr 1983, der sechs Jahre in Samoa in Polynesien verbracht hatte und nachwies, daß Margaret Mead die Kultur dieser Inseln völlig mißverstanden hatte. Die amerikanische Kulturanthropologin hatte viele Jahre vorher mit der Veröffentlichung der Ergebnisse ihres mehrmonatigen Aufenthalts auf dieser Insel großes Aufsehen erregt. In ihrem Buch hatte sie das angeblich so idyllische Leben auf der Insel Samoa geschildert, deren Bewohner friedfertig und frei von Konkurrenzstreben seien. Auf diese und ähnliche Berichte hatten sie selbst und die Anthropologen ihrer Schule ihre Thesen zur kulturellen Formbarkeit der menschlichen Natur aufgebaut.[10]

In Wirklichkeit gründen sich alle Kulturen auf eine komplexe Reihe von »Konstanten« oder »Invariablen«.[11] Zudem weisen die Grundformen unserer Relationalität einige Ähnlichkeiten mit den komplexeren Seiten des Kooperations- und Konkurrenzverhaltens bei sozialen Säugetieren auf. Klarzustellen ist dabei, daß die Soziabilität bei Tieren oft alles andere als primitiv ist. So sind manche Affenarten in Gruppen organisiert, innerhalb derer es vielfältige subtile und wechselnde soziale Beziehungen gibt. Unter beträchtlichem Zeitaufwand und mit viel List und Tücke wird das komplexe Netz der Bündnisse und hierarchischen Beziehungen und Rollen ständig neu bestimmt und umstrukturiert.[12]

Unsere Urahnen verfügten vor einer Million Jahren noch nicht über die Sprache, und obwohl sie aufrecht gingen, sahen sie eher wie Affen als wie Menschen aus, und doch war ihr Leben in der Gruppe vermutlich schon damals vielfältiger gegliedert als das der intelligentesten Menschenaffen von heute.

Die Intelligenz, über die wir verfügen, ist weitgehend soziale Intelligenz, sie dient also der Analyse und Gestaltung komplexer zwischenmenschlicher Beziehungen. Wahrscheinlich wird sogar in den hochentwickelten menschlichen Gesellschaften das Alltagsleben von elementaren Verhaltensstrukturen geprägt, die ihren Ursprung in den Gesellschaftsformen unserer Urahnen, der Hominiden, haben.[13]

Es gibt viele Anhaltspunkte, die für diese Hypothese sprechen. Einer der interessantesten stammt aus den Untersuchungen über die Unterschiede zwischen dem männlichen und dem weiblichen Gehirn. Anscheinend hat die primäre Aufgabenteilung zwischen den Geschlechtern im Lauf der natürlichen Auslese ihre Spuren hinterlassen, und zwar nicht nur, was die mit der Reproduktion und dem Leben als Paar zusammenhängenden Verhaltensweisen betrifft, sondern auch hinsichtlich der generellen kognitiven Fähigkeiten. Wenn – wie es aller Wahrscheinlichkeit nach der Fall war – Zehntausende, wenn nicht Hunderttausende von Jahren hindurch hauptsächlich die Männer jagen gingen und kämpften, während die Frauen häusliche Aufgaben und die Fürsorge für die Kinder übernahmen, ist es mehr als wahrscheinlich, daß diese Arbeitsteilung die mentale Disposition der beiden Geschlechter mitgeprägt hat. Tatsache ist, daß Frauen im Durchschnitt eher befähigt sind, emotionale Signale und komplexe interpersonelle Probleme zu erfassen, während Männer besser mit Gegenständen umgehen können und ein besseres räumliches Orientierungsvermögen besitzen.[14] Die empirischen Beobachtungen werden hier durch experimentelle Untersuchungen bestätigt: Jeder Vater und jede Mutter, die sowohl Söhne als auch Töchter haben, kann bezeugen, daß Mädchen und Jungen, ganz gleich, welche Erziehung ihnen zuteil wird, von den ersten Lebensjahren an unterschiedliche Interessen und Verhaltensweisen zeigen.

Allerdings ist es hier, ebenso wie in anderen Bereichen, sehr schwierig, genau zu bewerten, wie stark angeborene Neigungen beim Aufbau des Verhaltens ins Gewicht fallen.

Für dieses allgemeine Problem ließen sich noch viele weitere Beispiele nennen. Nehmen wir die Neigung zur Verteidigung des Territoriums. Untersuchen wir das Verhalten von Jugendbanden im städtischen Milieu, dann stellen wir fest, daß das Prinzip der kriegerischen Verteidigung des »eigenen« Reviers überall mit großer Entschiedenheit verfolgt wird und sogar zum tragenden Faktor der Alltagsaktivität der Gruppe werden kann. Oft geht es bei diesem Streit um Bereiche von objektiven Interessen, z. B. um die Abgrenzung der Bezirke für den Vertrieb und den Handel mit Rauschgift. Merkwürdig dabei ist, daß die Territorialität auch in solchen Fällen verfolgt wird, wo die Jugendgruppe Träger von Aktivitäten und Ideologien ist, die nicht auf der Verteidigung lokaler Interessen basieren. In einer Stadt wie Rom beispielsweise liegen seit Jahrzehnten rechtsextremistische und linksextremistische politische Jugendgruppen von ihren jeweiligen Festungen in verschiedenen Vierteln aus miteinander im Clinch; nicht selten kommt es zu gewalttätigen Auseinandersetzungen. Die Verteidigung des Territoriums, also des Bezirks, der einem »gehört« und dessen Grenzen genau markiert sind, wird in diesem Fall sehr ernst genommen und mit grimmiger Entschlossenheit verfolgt, obwohl sie in keinem Zusammenhang mit den Interessen des jeweiligen Viertels steht und nichts mit der politischen Ideologie zu tun hat, die theoretisch den Daseinsgrund der Gruppe darstellt.

In einem solchen Fall könnte man zwar einerseits mit gutem Grund annehmen, daß das Revierverteidigungsprinzip eher auf eine angeborene Neigung als auf rationale Motivationen zurückzuführen ist, andererseits läßt sich aber auch schwer beurteilen, inwieweit auch andere Faktoren mitwirken, wie z. B. bestimmte Aspekte der Lokaltraditionen oder zufällige psychologische Motive der kollektiven Identität.

Festzuhalten ist, daß angesichts der heutigen Erkenntnisse in der Erforschung der biologischen Konstanten menschlichen Verhaltens zwar abgestritten wird, daß das Verhalten *nur* von historisch-kulturellen Faktoren abhängt, die Bedeutung dieser Faktoren aber durchaus nicht negiert wird. Der Psychologe von heute würde sich hüten, z. B. die Bedeutung bestimmter Überzeugungen, wie des religiösen Glaubens oder bestimmter Werte abzustreiten, z. B. solcher, aus denen unterschiedliche Formen von Solidarität hervorgehen; in der Sozialpsychologie sind solche Fragen sogar Gegenstand ausführlicher und sehr bedeutender Untersuchungen und Abhandlungen. Auch der Entwicklungspsychologe maßt sich nicht an, die Folgen unterzubewerten, die der Glaube und die Werte der Familie bis ins Erwachsenenalter hinein auf die Erziehung und auf die Herausbildung von Verhaltensweisen haben können.

Wir wissen aber auch, daß sogar hinsichtlich des Glaubens

und der Werte, denen jedes Individuum verhaftet ist, nicht alles von der historisch-kulturellen Lebenswelt bestimmt ist: Man muß auch hier wie überall das Verhältnis zwischen dem Angeborenen und dem Erworbenen, zwischen genetischen Faktoren und Umweltfaktoren erkennen.

Die Überzeugungen und Werte eines Jungen oder eines Mädchens um die zwanzig hängen nicht nur vom Einfluß der Lehrer, der Schule und der Gleichaltrigen ab, sondern zu einem nicht geringen Teil auch von den Persönlichkeitsvariablen wie der Intelligenz, den allgemeinen charakterlichen Orientierungen und spezifischeren Neigungen. Wie bedeutsam diese Tatsache ist, wird besser verständlich, wenn man bedenkt, daß dies noch vor nicht allzu ferner Zeit ganz anders war: In der Welt unserer Großeltern und in allen traditionellen Gesellschaften wirkten sich die Persönlichkeitsvariablen der Angehörigen der jungen Generation auf deren Leben und sogar auf ihre Vorstellungen recht wenig aus. Das Lebensschicksal des einzelnen, z. B. eines Bauernsohns, war früher durch die Geburt strikt vorbestimmt: Er würde bis zum Ende seiner Tage als Bauer leben und in gewissem Sinne immer wie ein Bauer denken, ganz gleich, wie intelligent er war und welche Veranlagung er hatte. Auch in einem schon emanzipierteren sozialen Bereich stand z. B. dem Sohn eines Apothekers oder Notars für seine Berufsidentität nur ein begrenztes Spektrum an Möglichkeiten zur Wahl, die oft schon von der Familie getroffen worden war; die Rolle der Frauen war noch viel rigider vorbestimmt und wiederholte fast immer die Lebensmuster der Mütter und Großmütter. Diese Situation gewährleistete eine starke Kontinuität zwischen den Generationen, auch was die Welt der Überzeugungen und der Werte betraf.

Heute dagegen ist alles viel mobiler. In den »posttraditionellen« Gesellschaften (Giddens), wie sie für die moderne Welt typisch sind, spielen bei den Entscheidungen, die jeder junge Mensch zu treffen hat, die Persönlichkeitsunterschiede eine zentrale Rolle. Hier können die Jugendlichen und jungen Erwachsenen freier den ihren Neigungen entsprechenden Tätigkeiten nachgehen, die oft ganz andere sind als die der Eltern. Sie neigen also dazu, sich ihre Identitäten von Grund auf »neu zu erfinden« im Vergleich zu dem, was die Familientradition vorsah. Gleichzeitig neigen sie auch zu Auffassungen von der sozialen Wirklichkeit, die von denen des Ursprungsmilieus abweichen.[15]

Niemand also stellt den Einfluß der Umwelt in Frage. Er wird heute jedoch sorgfältiger und weniger einseitig untersucht als früher. Wie bei dem Beispiel, das wir gerade gesehen haben (und Ähnliches werden wir gleich auch noch hinsichtlich der Intelligenz sehen) kann sich das Verhältnis zwischen Angeborenem und Erworbenem mit der Zeit aus historisch-sozialen Gründen verändern.

Was die moderne Psychologie dagegen in Frage stellt, ist die überkommene und irrige Vorstellung, die *Erfordernisse* oder, wenn man so will, die Bedürfnisse des Individuums würden von einer Kultur zur anderen variieren. Einem weitverbreiteten (wenn auch nicht nicht immer offen ausgesprochenen, weil nach Rassismus riechenden) Vorurteil zufolge sind die menschlichen Bedürfnisse in primitiven Kulturen einfacher und in den Industriegesellschaften komplizierter und möglicherweise auch künstlicher. Diese These ist verlockend, aber wahrscheinlich ist daran viel mehr falsch als richtig. In Wirklichkeit sind unsere Grundbedürfnisse immer gleich: Unterschiedlich ist allenfalls die *Antwort*, die jede Kultur darauf zu geben in der Lage ist. Der Punkt ist nun aber nicht, daß die industriellen Kulturen dem Individuum ein *Überangebot* an Antworten auf die Bedürfnisse zur Verfügung stellen. Diese Hypothese ist schon an und für sich fragwürdig. Das Problem liegt vielmehr darin, daß die vorindustriellen Kulturen dem einzelnen mit Sicherheit ein zu *geringes* Angebot liefern, also den Bedürfnissen eines jeden zu wenig Möglichkeiten bieten.

Wer immer noch daran glaubt, daß Rassenunterschiede von Bedeutung sind, und wer auf die Andersartigkeit »fremder« Kulturen pocht und diese mythisiert, sollte sich ein paar Stunden Zeit nehmen und einige der oft bewegenden und anrührenden Filmberichte ansehen, aus denen hervorgeht, daß die spontanen Modalitäten der Mutter-Kind-Beziehung, das Spielverhalten der Kinder, die emotionalen Äußerungen und die Gebärdensprache ebenso wie die mit Aggression, Zärtlichkeit oder Erotik verbundenen einfachen Interaktionen bei allen Völkern und Kulturen im wesentlichen identisch sind.

Diese und viele andere Tatsachen, wie z. B. die Konstanz in den grundlegenden Formen der Kategorisierung der Wirklichkeit, verweisen uns wieder auf das allgemeine Problem der Rechte des Individuums.

Denn wenn die spontanen Gebärden und die emotionalen Ausdrucksweisen überall ähnlich sind, und wenn es stimmt, daß wir als Angehörige der Spezies Mensch überall über das gleiche kognitive oder mentale Werkzeug verfügen, dann kann man behaupten, daß wir auch überall die gleichen Rechte haben müssen, vor allen Dingen natürlich das Recht auf Entfaltung und Selbstverwirklichung. Der Gedanke der Gleichberechtigung findet hier eine Grundlage in der Tatsache, daß jedes Individuum auf der ganzen Welt und in allen Kulturen spontan der gleichen Garantien, der gleichen »Grundmöglichkeiten« an Sicherheit und Umweltreizen bedarf. Alle Menschen, ob Männer oder Frauen, sollten also – so der Schluß, den wir daraus ziehen – die geeigneten Bedingungen vorfinden, um ihre Intelligenz frei zu entwickeln, eine Schulbildung erhalten, die ihnen Zugang zu einer nicht verfälschten Kenntnis der Wirklichkeit verschafft, und über die geeigneten Mittel verfügen, sich autonome Lebensentscheidungen aufzubauen, ganz gleich, wo sie leben und welcher Tradition sie angehören.

3. Hypothese über die Schwächen des menschlichen Gehirns

Wir haben gerade gesehen, in welchem Kontext das Problem der Bewahrung des psychischen Leistungsvermögens zu sehen ist, über das wir bei der Geburt verfügen. Als erstes ist der Tatsache Rechnung zu tragen, daß die Grundeigenschaften des »mentalen« Funktionierens bei allen Individuen in den verschiedenen Völkern und Kulturen der Erde einheitlich sind. Vor diesem Hintergrund müssen wir uns noch einmal mit den Grenzen der Formbarkeit – oder Modifizierbarkeit – des Gehirns befassen.

Zum einen ist da das altbekannte Problem, inwieweit Familie und Umgebung die Persönlichkeit formen und beeinflussen können. Heute wie früher bestreitet niemand die Verantwortung der Eltern, der Umwelt und der Schule, wenn es darum geht, das psychische Gedeihen der Kinder und Jugendlichen zu fördern und ihnen nicht nur Erziehung und Bildung zukommen zu lassen, sondern auch ein Moralbewußtsein, das sie zu dem komplexen sozialen Leben der heutigen Zeit befähigt. Darin sind sich alle einig. Wie aber bereits angedeutet, ist das traditionelle Vertrauen der Eltern auf ihre Fähigkeit, die affektiven und sozialen Neigungen und Orientierungen ihrer Kinder *qualitativ* zu formen, den Forschungsergebnissen der letzten Jahrzehnte zufolge jedoch mehr Illusion denn Wirklichkeit.

Zum anderen haben wir es bei dieser Thematik auch mit dem *quantitativen* Aspekt der Intelligenzunterschiede zu tun.

Die Intelligenz, über die wir verfügen, hat zwar bestimmte Qualitäten, Grenzen und Neigungen (siehe oben), aber auch einige ganz allgemeine Aspekte: Sie kann daher, wenn auch nur annähernd, global gemessen werden, wobei man quantitative Kriterien wie den »Intelligenzquotienten« benutzt. Genaugenommen handelt es sich dabei eigentlich weniger um eine Messung der Intelligenz, sondern um einen *Vergleich* der Intelligenz einzelner Individuen oder Gruppen von Individuen anhand einer Reihe von Standardprüfungen oder Tests, bei denen Ungenauigkeiten der Messungen und andere Fehlerfaktoren mit statistischen Methoden korrigiert werden. Dazu ist zu sagen, daß die bewährten und konkret nützlichen Aspekte, aber auch die Grenzen der quantitativen Intelligenzbewertungen nach Jahrzehnten der Revision und Perfektionierung nunmehr recht genau bekannt sind.

Bei diesen Tests geben die unterschiedlichen Ergebnisse der einzelnen Individuen weitgehend (aber nicht ausschließlich) an, wie gut ein Individuum bis zu diesem Zeitpunkt *gelernt hat zu lernen*. Die Unterschiede hängen also nicht nur von genetischen Faktoren ab, sondern auch von den Möglichkeiten, die dem Probanden in der Zeit des Heranwachsens geboten wurden.

Eins der Probleme, die in diesem Zusammenhang von der Presse gern und auf etwas konfuse Weise aufgegriffen werden, betrifft das Wechselverhältnis zwischen »angeborener« und »erworbener« Intelligenz. Tatsache ist, daß dieses Verhältnis je nach den politischen und sozialen Faktoren stark variiert, und zwar aus folgenden Gründen. Wie wir vorhin im Zusammenhang mit den qualitativen Persönlichkeitsunterschieden gesehen haben, fallen genetische Faktoren bei der Lebensgestaltung der Individuen um so stärker ins Gewicht, je egalitärer, moderner und »ziviler« eine Gesellschaft ist. Ganz ähnlich verhält es sich auch mit der Intelligenz. In einer rückständigen Gesellschaftsordnung mit ausgeprägten sozialen Unausgewogenheiten sind Intelligenzunterschiede zwischen den Jugendlichen hauptsächlich darauf zurückzuführen, daß unterprivilegierten sozialen Gruppen angehörende Subjekte zu Hause weniger Anregungen und im außerhäuslichen Bereich eine schlechtere Bildung erhalten haben. In diesen Fällen ist es sehr wahrscheinlich, daß die bei Jugendlichen ein und derselben Altersklasse festgestellten Intelligenzunterschiede zu mehr als 50 Prozent auf sozialen Faktoren und Umweltfaktoren beruhen. In einem Land, in dem die gesamte Bevölkerung unabhängig von der Gesellschaftsklasse in den Genuß einer gesunden Ernährung, einer guten Betreuung in der Kindheit und eines ausgezeichneten Schulsystems kommt, beruhen die (etwa bei Zwölf- oder Zwanzigjährigen) festgestellten Intelligenzunterschiede dagegen großenteils auf angeborenen Begabungsunterschieden, also praktisch auf genetischen Faktoren.

Die Unterschiede sind im ersten Fall freilich nicht unbedingt geringer als im zweiten.

Was die »Förderung« der Intelligenz betrifft, kann es also sehr leicht vorkommen, daß ein bestimmtes Kind nicht nur *ein bißchen* weniger erhält, als es braucht, sondern *viel weniger*. Das gleiche gilt auch für Spezialbegabungen wie z. B. eine besondere mathematische, künstlerische oder musikalische Veranlagung. Solche von Geburt an von Kind zu Kind sehr stark variierenden Talente können gänzlich unentdeckt bleiben, wenn die Familie ungebildet oder das Schulsystem unzulänglich ist.

Zweifelhaft ist dagegen, ob es für die Intelligenzentwicklung ausschlaggebende Vorteile bringt, wenn ein Kind künstliche Zusatzanregungen erhält, also ein Mehr in bezug auf das, was sein Geist von Natur aus benötigt.

Die Idee, wir würden alle nur einen Teil unserer zerebralen oder mentalen Fähigkeiten benutzen, ist durch nichts bestätigt, und niemand hat je eine Methode gefunden, wie sich diese Fähigkeiten signifikant und auf Dauer über das hinaus potenzieren lassen, was in einem gesunden Menschen, der mit den notwendigen Reizen normal versorgt wird, spontan heranreift.

Die Versuche, durch intensive Stimulation und Schulung Superkinder heranzuzüchten, haben wenig oder nichts erbracht: Besondere Erziehungsbemühungen bewirken allenfalls eine vorübergehende Frühreife, die sich nach dem Ende der Versuchszeit wieder gibt.[16] Auf einer eher materiellen Ebene verbessert eine zusätzliche Vitamin- und Nährstoffversorgung weder die Intelligenz noch irgendwelche anderen mentalen Eigenschaften. Noch weniger nützen spezielle Drogen, auch wenn viele Konsumenten von Kokain, Cannabis und LSD (und manchmal sogar von Alkohol) überzeugt sind, daß diese Stoffe latente Fähigkeiten wie die künstlerische oder literarische Kreativität erhöhen. Dabei handelt es sich jedoch immer um Selbsttäuschung, wie sich anhand von unaufwendigen experimentellen Untersuchungen leicht nachweisen läßt. Was die Verheißungen religiöser und esoterischer Sekten betrifft, man könne mit Hilfe besonderer Techniken Zugang zu höheren geistigen Fähigkeiten erlangen, so kann man mit größter Wahrscheinlichkeit davon ausgehen, daß hier, zumindest was die Intelligenz angeht, nichts als Illusionen und Indoktrinationen verkauft werden.

Genauso erfolglos war auch die von manchen politischen Systemen auf den Weg gebrachte Massenerziehung oder -umerziehung mit dem Ziel, »den neuen Menschen« zu erschaffen: Legionen junger Leute, die jeden Egoismus und auch den letzten Rest an possessivem Individualismus abgelegt haben und alle gleichermaßen von kollektiver Opferbereitschaft erfüllt sind. Die totalitäre Ideologie, die hinter solchen immer zum Scheitern verurteilten und bisweilen monströsen Versuchen steht, ist in allen Fällen historisch-kulturalistisch und antibiologisch. Die Logik, auf der sie basieren, ist in sich kohärent: Wenn es keine menschliche Natur im biologischen Sinn gibt und Verhalten und Denkweisen der Individuen historisch-kulturell bedingt sind, dann können letztere so verändert werden, daß ganz neue Männer und Frauen entstehen. Da ist die Versuchung »allmächtiger« Manipulationsprojekte unvermeidlich.

Hinzuzufügen ist, daß es auch in den westlichen Demokratien bisher nicht gelungen ist, generalisierbare Vorschläge für eine Veränderung der Familienstrukturen oder einen grundlegenden Wandel im Bildungswesen zu entwickeln, um geistig fähigere und gesündere Individuen hervorzubringen.[17]

Was Geist und Psyche in der Kindheit benötigen, ist inzwischen weitgehend bekannt. Die primären und wichtigsten Bedürfnisse des Kindes sind, wie oft wiederholt wird, affektiver Art. Der Begriff affektiv sagt jedoch zuwenig. Jedes kleine Kind braucht ein einheitliches Ganzes an Zuneigung, Sicherheit,

Schutz und stabilen Verhaltensweisen, es muß sich angenommen und in seiner Wesensart bestätigt fühlen. An zweiter Stelle, aber nicht getrennt von den affektiven Bedürfnissen, hat es kognitive Ansprüche: Es braucht viele Anregungen und Ermutigungen zur Erforschung der Wirklichkeit gemäß seinen eigenen Interessen und Neigungen. Schließlich hat es auch soziale Bedürfnisse, es verlangt also unter anderem, daß man ihm hilft zu kooperieren und sich zunehmend seiner selbst sicher zu fühlen und sich anderen gegenüber offen und lernbereit zu zeigen.

Bekanntlich ist nicht jede familiäre Umgebung gleichermaßen sensibel, um diesen verschiedenen Bedürfnissen in ausgewogener Weise zu entsprechen. In manchen Familien genießen Kleinkinder unter drei Jahren zuwenig Schutz, in anderen verhält man sich übermäßig protektiv gegenüber Kindern, die älter sind als sechs Jahre, oder es fehlt am Einfühlungsvermögen gegenüber den Heranwachsenden und ihren Problemen. Manche religiösen Traditionen neigen dazu, die Sozialisation der Jugendlichen, vor allem der Mädchen, und sogar die Schulbildung zu behindern. In manchen Kulturen, die von einer stark familistischen Ideologie geprägt sind, schafft die übertriebene Solidarität innerhalb der Familie dauerhafte Beziehungen der Abhängigkeit von den Eltern. Die Kinder entwickeln kein Gefühl der verantwortungsvollen Autonomie und werden nicht zur Loyalität in den erweiterten sozialen Beziehungen erzogen. Dort, wo es ein leistungsfähiges außerfamiliäres Erziehungssystem gibt, werden jedoch viele Mängel der innerfamiliären Kultur korrigiert. Das sieht man heute in Ländern wie Deutschland, Holland und der Schweiz, die über ein gutes Schulsystem verfügen und zugleich das Problem haben, Einwanderer integrieren zu müssen, die noch familistischen Traditionen verhaftet sind.

Weniger klar ist, was Erwachsene brauchen. Wie beim Kind geht man auch hier derzeit davon aus, daß die individuellen psychischen Bedürfnisse vielfältig und kaum katalogisierbar sind und sich – wohlgemerkt – jedenfalls nicht auf eine begrenzte Anzahl »instinktiver« Faktoren zurückführen lassen. Die Ingredienzien für ein mental gesundes Leben variieren von Person zu Person. Klar scheint jedoch, daß in allen Gesellschaften das individuelle Alltagsleben unbedingt durch soziale Aspekte bereichert werden muß, die über die bloße Organisation des Überlebens und der Reproduktion hinausgehen. (Was das bedeutet, werden wir weiter unten sehen.) Auch wenn wir vielleicht in schwierigen materiellen Verhältnissen leben, streben wir doch alle nach einem Ensemble oder einer Konstellation sozialer Erfahrungen; eindimensionale oder sehr einsame Existenzen scheinen schon an und für sich Probleme des psychischen Gleichgewichts mit sich zu bringen. Außer einem primären Bedürfnis nach intimen Beziehungen, wie die mit der Sexualität und eventuell mit der Fortpflanzung verbundenen, benötigen wir vielfältige Beziehungen der Sozialität, die nicht beschnitten werden dürfen. Hier kommen Bedürfnisse ins Spiel, die innerhalb der Familie und in der Paarbeziehung nicht voll ausgelebt werden können. Dazu gehörten die soziale Bestätigung des Selbstwerts, die Anerkennung der jeweiligen Rolle sowie diverse andere Formen der Selbstbestätigung und im Zusammenhang damit auch viele Aspekte der spontanen Abwehr von Angst und Depression, also die sogenannten »Abwehrmechanismen«. Zugleich bieten sich außerhalb der Familie spezielle Möglichkeiten der Erforschung und des Neuen und sogar des Risikos, die viele Menschen brauchen.

Ein Großteil der psychischen Bedürfnisse des Erwachsenen reguliert sich über das Binom Affiliation/Dominanz oder

– anders ausgedrückt – über das doppelte und widersprüchliche Verlangen, »geborgen zu sein und kommandieren zu können«. Andere Bedürfnisse äußern sich in der Notwendigkeit, eine hinreichend solide persönliche Identität zu bewahren. Die Solidität oder, wenn man so will, die »Stärke« des Identitätsgefühls hängt unter anderem mit der Wahrnehmung der Selbsteffizienz (*self-efficacy*) und der Selbstachtung zusammen. Ein sicheres und stabiles Identitätsgefühl scheint die wichtigste individuelle Voraussetzung zu sein, um mit schwierigen Lebensbedingungen fertigzuwerden; die Untergrabung des Identitätsgefühls ist einer der typischsten Faktoren, die das Auftreten von psychischen Störungen begünstigen.[18]

Die ganze Problematik ist weitläufig und recht schwer zu fassen, und die Psychologen tun sich eingestandenermaßen schwer, sie zu katalogisieren, zu interpretieren und Ordnung hineinzubringen. Im Zusammenhang damit kommt ein interessanter Zweifel auf: Sollte unser Gehirn, das von der Evolution ja in einem Kontext entwickelt wurde, der ganz anders ist als unsere heutige Lebenswelt, Schwierigkeiten haben, sich an die Komplexität der technisierten Welt anzupassen?

Doch wie bei den meisten der in dieser vierten Lektion besprochenen Themen haben wir es auch bei dieser Hypothese wieder mit etwas zu tun, was *möglich* und vielleicht sogar *wahrscheinlich* ist, doch wir haben so gut wie nichts Sicheres in der Hand.

Die Hypothese einer generalisierten Schwierigkeit des Geistes gegenüber den technischen und sozialen Anforderungen der Moderne bleibt noch zu beweisen. Im übrigen gilt es, den immer wieder vorgebrachten, von Nostalgie und Panikmache geprägten Warnungen vor dem Werteverfall in der Welt »von heute« entgegenzutreten. Dasselbe Stereotyp war nämlich auch schon in den vergangenen Jahrhunderten zu hören: Die neue Generation sei haltlos, und es werde immer schwieriger, in einer von Geld korrumpierten Gesellschaft, die ihre frühere Stabilität und Unmittelbarkeit verloren habe, standzuhalten. Auch die Befürchtung, die moderne Welt erzeuge eine Zunahme an Nervosität, ist mindestens zweihundert Jahre alt und war besonders im 19. Jahrhundert weit verbreitet. Es gibt jedoch keinerlei Beweis dafür, daß es wirklich so ist. Auch für die immer wieder geäußerte Überzeugung, Depressionen oder Schizophrenie oder Neurosen (je nachdem, was gerade aufs Korn genommen wird), gibt es keine soliden Belege.

Dies berechtigt uns freilich nicht dazu, das Problem als erledigt abzuhaken. Denn es ist immerhin *möglich*, daß bestimmte Schwierigkeiten wie z. B. krankhafte Depressionen in der westlichen Hemisphäre seit einigen Jahrzehnten vermehrt auftreten. (Möglicherweise ist dafür bei anderen Problemen eine Verringerung zu verzeichnen!)

Manche Fragen haben an Aktualität gewonnen, so z. B. die folgende: Während bei den primitiven Hominiden Alarmreaktionen und Wettbewerbsstress ohne weiteres in Aktion mündeten, also in motorische Angriffs- oder Fluchtreaktionen, geschieht dies in der modernen Welt viel seltener. Man braucht nur an den Autofahrer zu denken, der auf den Verkehr konzentriert und mit seinem ganzen Konkurrenzstreben beinahe unbeweglich stundenlang in seiner Blechkiste sitzt. Sollte das keine negativen Auswirkungen haben? Man kann sich fragen, ob bestimmte psychosomatische Störungen, unter denen wir leiden, nicht auf eine über Monate oder Jahre angestaute, allzu große motorische Hemmung während und nach emotionalen Erregungszuständen zurückzuführen sind. Die Frage ist berechtigt, aber auch hierzu ist zu sagen, daß wir keine Antwort darauf wissen: Es gibt keine Daten, die die Gültigkeit dieser These bestätigen könnten. Wir wissen noch nicht einmal, ob psychosomatische Störungen zunehmen oder nicht.

Andere Indizien sind von geringerer Bedeutung, dafür aber zuverlässiger.

Nehmen wir den Fall der pathologischen Fettleibigkeit oder der Magersucht: Hier haben wir es wahrhaftig mit etwas ganz Neuem zu tun. In einigen Ländern, so z.B. in den Vereinigten Staaten, entwickelt sich Fettsucht zu einem echten sozialen Problem, das sich in früheren Zeiten gar nicht stellte. Erst in der Konsumgesellschaft wurde Übergewicht und folglich auch Abnehmenmüssen zum Problem. Mit Recht können wir davon ausgehen, daß unser Gehirn in Anbetracht der Umwelt und der Lebensbedingungen, in denen es sich herausgebildet hat (unsere Vorfahren waren Hunderttausende von Jahren hindurch Jäger und Sammler) nie mit einem Überangebot an Konsumgütern oder mit einem überschüssigen Körpergewicht konfrontiert worden ist. Unsere fernen Urahnen waren mager, sie bewegten sich viel und hatten eher das Problem, nicht genug zu essen zu bekommen. Nichts ist also wahrscheinlicher, als daß unserer Psyche die Fähigkeit abgeht, mit dem Problem umzugehen. Daß es uns überaus schwerfällt, unser Eßverhalten dauerhaft zu verändern und einen übergewichtigen Körper auf Diät zu setzen, bestätigt diese Hypothese.

Bei manchen Jugendlichen wird der Wunsch abzunehmen unaufhaltsam und führt zu starkem Untergewicht und zur Magersucht als psychischer Krankheit. Auch das ist höchstwahrscheinlich darauf zurückzuführen, daß unser Gehirn über keine Funktionsbereiche (oder wenn man so will über keine »Programme«) zur Verarbeitung solcher mit einem nie dagewesenen und widernatürlichen Handeln zusammenhängenden Daten verfügt. Ein Vorgehen, das auf eine Gewichtsabnahme abzielt, ist der menschlichen Natur fremd und wirkt, wenn es sich erst einmal im Kopf festgesetzt hat, bei anfälligen Naturen mit der gleichen blinden Zerstörungskraft wie ein Computervirus in einem Rechnernetz.[19]

4. Wir sind alle verschieden – mit einigen Folgen

In der vorigen Lektion haben wir gesehen, wie wichtig für die Evolution der Arten kleine, individuelle Unterschiede im Erbgut sind. Wenn es keinen effizienten Mechanismus gäbe, der fortwährend ein breites Spektrum unterschiedlicher Individuen hervorbringt, dann käme es zu keinen der Anpassung an die Umwelt dienenden Mutationen und es wären auch keine zunehmend komplexeren Organismen entstanden.

Eine Vorstellung von der schöpferischen Kraft dieser »Fabrik der Unterschiede« können wir gewinnen, wenn wir die Ähnlichkeiten und die Unterschiede zwischen Kindern und Eltern empirisch untersuchen. Kinder sind immer völlig neue Geschöpfe. Natürlich ist auch der Eindruck nicht falsch, ein Kind habe beispielsweise die Hartnäckigkeit der Mutter und die Musikalität des Vaters geerbt, so wie es die Augenfarbe des einen oder des anderen haben kann, während sein Gesicht vielleicht eine Mischung aus den Zügen des Vaters und denen der Mutter ist. Ebensogut können aber auch die roten Haare irgendeiner Tante wieder zum Vorschein kommen, und die Talente und Intelligenzmerkmale des kleinen Jungen oder Mädchens haben vielleicht eine oder mehrere Generationen übersprungen und stammen direkt von einem der Großväter oder Urgroßväter.

Bisweilen resultiert aus einer glücklichen Zufallskombination genetischer Informationen eine außergewöhnliche intellektuelle Begabung. Berühmt ist der Fall von Karl Friedrich Gauss, einem der größten Mathematiker aller Zeiten, der 1777 in Deutschland als Sohn einer einfachen Bauernfamilie geboren wurde. Seinem Lehrer (dem man dafür meiner Ansicht nach ein Denkmal hätte errichten müssen) ist zu verdanken, daß die außergewöhnlichen Fähigkeiten des Jungen frühzeitig erkannt wurden und ihm ein Stipendium Zugang zur Universität verschaffte.

Aufgrund der Vererbungsmechanismen ist jedes Kind nicht die Summe, sondern die schöpferische Synthese einer großen Anzahl von Anlagen, die es im Augenblick der Zeugung zufällig erhalten hat. Die wichtigste Voraussetzung, um intelligent zu sein, ist zwar, wie man zu sagen pflegt, sich intelligente Eltern ausgesucht zu haben, wahr ist aber auch, daß durch die komplexe Rekombination der Erbeigenschaften ganz neue Begabungsmerkmale hervorgebracht werden können.

Wenn wir eine beliebige natürliche Population eines gewissen Umfangs untersuchen, stellen wir fest, daß sich die Verteilung der einzelnen meßbaren Eigenschaften der Individuen durch eine kuppel- oder besser glockenförmige Kurve abbilden läßt, die nach dem vorhin erwähnten Mathematiker als gaußsche Glockenkurve bezeichnet wird. Nehmen wir für den Anfang ein einfaches Beispiel: die Körpergröße. Wie viele andere Variablen hängt auch unsere Statur hauptsächlich von genetischen Faktoren ab, aber auch von Umweltfaktoren wie der Ernährung. Um die entsprechende Kurve zu zeichnen, tragen wir auf der Vertikalen, also auf den Ordinaten, die Anzahl der Erwachsenen einer bestimmten Körpergröße ein, und auf der Horizontalen, also auf der Abszisse, die zunehmende Körpergröße. Wir haben also ganz links die Kleinwüchsigen, ganz rechts die Riesenwüchsigen. Zur Mitte hin, wo wir die Mehrheit der Individuen finden, deren Körpergröße geringfügig nach oben oder unten von der Durchschnittsgröße der Bevölkerung abweicht, wölbt sich die Kurve glockenförmig nach oben. Je weiter wir uns von der Mitte entfernen und uns auf die Zwerg- bzw. Riesenwüchsigen an den äußersten »Enden« der Kurve zubewegen, desto geringer ist die Anzahl der Personen.

Mißt man die Intelligenz einer bestimmten natürlichen Bevölkerung, erhält man eine ganz ähnliche Kurve, mit einer immer kleineren Zahl von Subjekten, je mehr man sich auf der einen Seite den Hochbegabten und auf der anderen Seite den Minderbegabten nähert. (Ganz links finden sich überdies zufällige pathologische Faktoren wie Hirnschädigungen und bestimmte Chromosomenstörungen oder genetische Störungen, die die Kurve auf der Seite der Benachteiligten leicht ausbuchten.)

Auch die Verteilung anderer Persönlichkeitsaspekte wie des Binoms Introversion/Extroversion läßt sich anhand solcher Kurven darstellen: Wir können also davon ausgehen, daß introvertierte, also verschlossene, grüblerische und unzugängliche Subjekte um so seltener sind, je stärker diese Eigenschaften bei ihnen ausgeprägt sind, bis hin zur extremen und schon pathologischen Introvertiertheit, von der jedoch nur eine sehr geringe Zahl von Individuen betroffen ist. Das gleiche erwarten wir natürlich auch am anderen Ende der Kurve, also bei den Extrovertierten, den ausgeglichenen, offenherzigen und empathischen Persönlichkeiten. Ebenso wie die allzu Introvertierten werden auch die extrem Extrovertierten gewisse Schwierigkeiten haben, sich gut ins soziale Leben zu integrieren.

Da sich auch andere typische Persönlichkeitsparameter, wie das Binom emotionale Stabilität/Instabilität, hinreichend genau messen lassen, erhalten wir auch hier entsprechende Verteilungswerte. Das gleiche gilt für die Empathie, also die Fähigkeit, sich in andere einzufühlen: Am einen Ende finden wir die Individuen, die sehr stark mit Hilflosen und leidenden Subjekten mitfühlen und z. B. sehr gute Mütter und große Philanthropen sind, am entgegengesetzten Ende die wenig einfühlsamen, kaltblütigen Macher und Kämpfernaturen. Verständlicherweise verhalten sich diese beiden Eigenschaften umgekehrt proportional: Der allzu Mitfühlende eignet sich nicht zum Kommandieren, Kämpfen und Erobern, wer zu wenig einfühlsam ist, sollte besser keine Kinder kriegen und auch nicht Missionar werden.

Sehen wir uns zum Schluß noch die Kreativität oder Innovationsfreude an. Wenn wir annehmen, sie sei gut meßbar (was sie in Wirklichkkeit nicht ist), ergibt sich, wie wir uns denken können, ein ganz ähnliches Schaubild. Auch in diesem Fall bereiten die Individuen am rechten äußeren Ende der Kurve, also die außergewöhnlich Innovativen und Kreativen (deren Zahl freilich sehr gering ist), möglicherweise gewisse Probleme. Wer *extrem* kreativ – *allzu* kreativ – ist, hat vermutlich eine Abneigung gegen methodisches Arbeiten und neigt zur Unordnung. In der Tat scheint erwiesen, daß besonders geniale und kreative Menschen, wie viele Dichter und Erfinder, nicht selten eine Prädisposition für die bipolare manisch-depressive Psychose besitzen. Oder, was wahrscheinlicher ist, die Prädisposition für diese Psychose könnte den Vorteil der Kreativität mit sich bringen, vor allem auf künstlerischem Gebiet.[20]

Mit diesen Betrachtungen sind wir von der individuellen Dimension bei der kollektiven Dimension angelangt. Und hier gewinnt das Ganze eine klarere Bedeutung.

Von der Auslese durch den Darwinschen Evolutionsprozeß sind nicht nur einzelne Organismen, sondern auch ganze Kollektivitäten betroffen.[21] Seit Zehntausenden von Jahren – und bis heute – gibt es Gruppen, Clans, Stämme, ganze Gesellschaften, die besser funktionieren, mehr Wohlstand produzieren, Hungersnöte abwehren und erfolgreich mit benachbarten Gesellschaften konkurrieren; während es anderen nicht gelingt, sich zu erhalten und sich weiterzuentwickeln – sie zerfallen oder werden von besser organisierten Gruppen absorbiert. Wir stammen nicht nur von Individuen ab, die es geschafft haben zu fressen, ohne gefressen zu werden, oder die sich am erfolgreichsten gepaart haben, sondern auch von denen, die am besten zu kooperieren wußten. Was unseren Vorfahren geholfen hat, *als Gruppen* zu überleben, waren die erwähnten »sozialen Fähigkeiten«, die anscheinend eine weit über die puren, grundlegenden Lebensnotwendigkeiten hinausgehende Rolle spielen. Wir haben das genetische Material derer geerbt, die am besten zur intelligenten Kooperation befähigt waren: Die anderen sind, wie immer, unterwegs ausgestorben.[22]

Hier besteht natürlich ein impliziter Zusammenhang mit der Arbeitsteilung. Da keiner alles gleichermaßen gut kann, erbringt jeder einzelne den besten Beitrag, wenn er sich auf eine besondere Aufgabe spezialisiert. Schon in den menschlichen Urgesellschaften gibt es nicht nur die elementare Arbeitsteilung zwischen Mann und Frau, und die Gruppe organisiert sich auch nicht nur aufgrund der Herrschaftshierarchie, denn es bilden sich spontan andere Unterschiede heraus. Diese resultieren in erster Linie aus den Rollen, die sich aufgrund individueller Begabungen entwickeln. Um es auf die einfachsten Dimensionen zurückzuführen: Es wird immer jemanden geben, der ein besserer Jäger ist als die anderen, Männer oder Frauen, die besser Häute zu gerben wissen, Leute, die besonders befähigt sind, Kräuter anzuwenden, die andere nicht kennen, und so weiter. In vielen Fällen entsteht daraus ein »Wissen«, das an begabte Schüler weitergegeben wird.

Hier ist noch ein besonderer Aspekt der Arbeitsteilung zu nennen, der die Reproduktion betrifft. Wie es schon in vielen Tiergesellschaften der Fall ist, reproduziert sich auch eine menschliche Gruppe mit mehr Erfolg, wenn sich ein Teil ihrer Mitglieder *nicht fortpflanzt*. Diese nicht von der Kinderaufzucht in Anspruch genommene Minderheit ist dann freier, andere zu unterstützen, oder sie widmet sich ganz der Jagd oder der Verteidigung oder schafft spezielle Rollen oder Gemeinschaften, wie die der Homosexuellen oder der Priester, die dem Zusammenhalt des Ganzen förderlich sind. Eine solcherart strukturierte Kollektivität reproduziert sich erfolgreicher als eine, in der jedermann Nachkommen zeugt. Auch hier kommt wieder die Verteilung der Neigungen zum Zuge, einschließlich der Neigung zum Verzicht auf Fortpflanzung.

Damit kommen wir zu einer wichtigen Betrachtung politischer Art. Die Möglichkeit der Rollenverteilung gemäß den Begabungen ist umgekehrt proportional zur Starrheit der Gesellschaftsstruktur. Das bedeutet in der Praxis, daß der Zugang zu verantwortlichen Positionen aufgrund persönlicher Verdienste unvereinbar ist mit der Beibehaltung privilegierter Bereiche. Dies ist eine der fundamentalsten Errungenschaften der modernen Demokratie, für die uns die Geschichte paradigmatische Beispiele liefert. So wurde mit einigem Recht immer wieder darauf hingewiesen, daß Napoleons Heer nur deshalb so siegreich war, weil erstmals in der Neuzeit nicht die privilegierten Adelssprößlinge mit den führenden Rollen betraut waren, sondern Männer, die bewiesen hatten, daß sie es verdienen.

Abschließend muß noch auf das Problem der Proportionen hingewiesen werden. Jede Kollektivität kann sich einen geringen Prozentsatz von Individuen mit Extremeigenschaften (also die an den äußeren Enden der oben geschilderten Kurve) zunutze machen, nur dürfen solche Individuen nicht allzu zahlreich vertreten sein. Es ist gut, daß es kreative und vielleicht auch einige wenige *sehr* kreative Naturen gibt und auch den einen oder anderen, dessen Kreativität ins Visonäre geht; jede Gruppe aber wird chaotisch, wenn es mehr als eine ganz begrenzte Zahl von Menschen mit diesen Eigenschaften gibt. Ebenso kann man annehmen, daß ein gewisser Prozentsatz an mutigen Enthusiasten für einen Stamm oder für ein Dorf von Nutzen ist. Die Gemeinschaft ist jedoch dem Untergang geweiht, wenn nicht eine entsprechende Anzahl vorsichtiger und besonnenerer Menschen und vielleicht einige (aber nicht zu viele!) *extrem* vorsichtige und besonnene ein Gegengewicht zu diesen Begeisterungsfähigen bilden. Und so weiter.

Die Evolution der Arten – und der Gruppen – hat jedoch dafür gesorgt, daß stets ein akzeptables Verhältnis zwischen Mittelmäßigkeit und Außergewöhnlichkeit besteht – die gaußsche Glockenkurve zeugt davon. Schematisierend läßt sich also sagen, daß Gesellschaften mit allzu vielen gewöhnlichen Individuen ebenso leicht ausgestorben sind wie solche mit allzu vielen Originalen.

Die »Talentfabrik«, die für dieses Kapitel titelgebend war, ist also nicht minder soziologisch als biologisch bedingt. Aus den Gründen, die wir untersucht haben, erweist sich eine Gemeinschaft von Individuen als um so besser befähigt, ihre kollektiven Interessen und natürlich auch die Interessen jedes einzelnen zu wahren, je mehr sie es dem einzelnen gestattet, seine Talente zu entfalten. Und tatsächlich stellen wir fest, daß eine beliebige, komplexe soziale Gruppe dann Sicherheit und Wohlstand hervorbringt, wenn sie sich die vielfältigen Begabungen ihrer Söhne und Töchter zunutze macht.

Anmerkungen

Die Anmerkungen habe ich auf das Nötigste beschränkt; bei den bibliographischen Hinweisen handelt es sich vorwiegend um einführende Texte.

Erste Lektion

1 Zur Einführung: A. Whiten (Hrsg.), *National Theories of Mind*, Blackwell, Oxford 1991; S. Baron-Cohen, *Mindblindness*, The MIT Press, Cambridge (Mass.) 1995; P. Carruthers, P. Smith (Hrsg.), *Theories of Theories of Mind*, Cambridge UP, Cambridge–New York 1996. Der erste kindliche Versuch, die Personen zu verstehen, scheint in der Neigung zu gründen, Verhaltensweisen als etwas wahrzunehmen, das mit eigenbewußten, intentionalen »mentalen Zuständen« verbunden ist wie Wollen, Wünsche und Überzeugungen. Wie sowohl Whiten als auch andere Autoren bemerken, ist eine Neigung zum »Mentalismus« (auf diesen Begriff wird in der dritten Lektion verwiesen), konstituierender Bestandteil der primären Psyche des Kindes.
2 »Primärpsychologie« oder »spontane Psychologie« sind Begriffe, die in etwa der »Psychologie des gesunden Menschenverstands« entsprechen und letztlich praktisch dem gleichkommen, was von Psychologen als »volkstümliche Psychologie« (*folk psychology*) untersucht wird. Manchmal wird die spontanere naive Psychologie mit ihren universalen Aspekten auch von der volkstümlichen Psychologie unterschieden, deren Denkweisen je nach dem sozialen Milieu variieren und in vielen Fällen von religiösen Überzeugungen geprägt sind.
3 Zur Einführung in die typischsten Themen der psychologischen Forschung: S. Pinker, *How the Mind Works*, W. W. Norton, New York 1997 (dt. *Wie das Denken im Kopf entsteht*, Kindler, München 1998).
4 Die gängigen Texte über Persönlichkeitstheorien enthalten eine Einführung in diese Thematik.
5 Das Problem wird jedoch durch die unterschiedlichen schulischen Erfolge bei den verschiedenen ethnischen Minderheiten kompliziert und politisch brisant, so wie es heute am ausgeprägtesten in den Vereinigten Staaten festzustellen ist.
6 Die in Fachkreisen derzeit vorherrschende Orientierung, derzufolge es keine generelle Aggressivität und auch keine wirkliche Einheitlichkeit in den sogenannten aggressiven und/oder gewalttätigen Verhaltensweisen gibt, könnte ein Grund dafür sein, warum keine guten, umfassenden Texte zum Thema vorliegen.

7 Die Bedeutung des Syndroms der »fehlenden Angst« oder *Hypophobie* scheint durch einige experimentelle Untersuchungen bestätigt. Vergl.: R. M. Nesse, G. C. Williams, *Why We Get Sick*, Times Books, New York 1994, Kap. 14 (dt. *Warum wir krank werden*, Verlag C. H. Beck, München 1997).

8 Zur Einführung in die Emotionen siehe v. a. die allgemeinen grundlegenden Psychologiebücher wie z. B. J. M. Darley, S. Glucksberg, R. A. Kinchla, *Psychology*, Simon & Schuster, Englewood Cliffs, N. J., 1991. Ausführlicher behandelt wird das Thema in P. Ekman, R. Davidson, *The Nature of Emotion*, Oxford UP, Oxford–New York 1995, P. Griffiths, *What Emotions Really Are*, Univ. of Chicago Press, Chicago 1998.

9 Wahrscheinlich ist es zeittypisch, daß einer der Texte aus den neunziger Jahren, nämlich die unter 8. genannte Einführung von Darley, Glucksberg und Kinchla bei ihrer Definition der modernen Psychologie *an erster Stelle* auf die Subjektivität verweist.

10 Vielleicht sollte klargestellt werden, daß Schizophrenie eine leider nicht seltene, schwere psychische Störung ist, deren Wesen und Erscheinungsform nichts zu tun hat mit dem üblicheren Wortgebrauch, nach dem »schizophren« der mentale Zustand eines Individuums sei, das sich zwischen unvereinbaren Neigungen oder Aktivitäten hin- und hergerissen fühlt.

11 Das Thema des Bewußtseins der Tiere wird unübertroffen klar diskutiert in: D. L. Cheney, R. M. Seyfarth, *How Monkeys See The World*, University of Chicago Press, Chicago 1990 (dt. *Wie Affen die Welt sehen*, Hanser, München/Wien 1994). Unter Wissenschaftlern wenig angesehen sind heute die populären Auffassungen von D. Griffin, die auch nicht auf dem neuesten Stand sind, ebenso wie die jener Tierforscher, die dazu neigen, die tierische Intelligenz zu idealisieren und deren bewußte Aspekte überzubewerten.

12 Die aktuellen Klarstellungen in bezug auf das Objektbewußtsein sowie auf die körperliche Selbsterkenntnis und das introspektive Selbstbewußtsein greifen einige Aspekte der philosophischen Phänomenologie sowohl von Brentano bis Merleau-Ponty als auch von Jean Piaget wieder auf. Die Forschungen auf diesem Gebiet bauen seit den frühen siebziger Jahren auf der Grundlage der Experimente von G. G. Gallup über das Selbstbewußtsein der Schimpansen auf.

13 Einigen Gelehrten zufolge (D. J. Bem in den sechziger und dann R. E. Nisbett und T. D. Wilson in den siebziger Jahren) ist die Introspektion als Selbstbeobachtung des Geistes oder, wenn man so will, als »unmittelbares« Selbstbewußtsein weitgehend Illusion. Was wir ihrer Meinung nach alle tun, ist, unser Verhalten zu beobachten; davon ausgehend berufen wir uns dann auf mehr oder weniger konventionelle Benennungen unserer Gefühlszustände. Ebenso sei klar, daß wir uns nicht geizig oder großzügig

»fühlen«, weil wir nur auf Grund einer Verhaltensbilanz behaupten können, geizig oder großzügig zu sein. (Ähnliche Gedanken finden sich schon bei Wittgenstein und Ryle.) Zu diesem Thema verweise ich auf die Fachliteratur; eine Einführung gibt Kap. 4 meiner *Fondamenti di psicologia dinamica*, Feltrinelli, Milano 1993.

14 Zur ersten Einführung in das Thema der spontanen (und daher nicht immer bewußt vorgesehenen) menschlichen Kooperation siehe R. Axelrod, *The Evolution of Cooperation*, Basic Books, New York 1984 (dt. *Evolution der Kooperation*, Oldenbourg, München 1988). Das wissenschaftliche Thema Kooperation hat zwei Ursprünge: zum einen die Soziologie der Interaktionen und die Spieltheorie; zum anderen die Evolutionsforschung, auf die in der dritten und vierten Lektion noch genauer eingegangen wird.

15 Die erste Art von Altruismus ist mit den (auf die sechziger Jahre zurückgehenden) Untersuchungen von W. D. Hamilton und seiner Theorie der *kin selection* (Sippenselektion) verbunden. Die zweite Art, der wechselseitige Altruismus, zunächst mit G. Williams und später mit den Forschungen von R. Trivers (aus den siebziger Jahren) und seinem Begriff der *Investition* sowie mit der Anwendung der Spieltheorie auf die Untersuchung des Verhaltens durch John Maynard Smith. Eine Einführung in diesen Themenkreis und in andere Themen der Entwicklungspsychologie geben: J. Barkow, L. Cosmides, J. Tooby (Hrsg.), *The Adapted Mind: Evolutionary Psychology and the Generation of Culture*, Oxford UP, Oxford–New York 1992, sowie das bekannte Werk von R. Wright, *The Moral Animal*, Vintage, New York–London 1995, und das ebenso bekannte, aber eher vereinfachende von M. Ridley, *The Origins of Virtue*, Viking-Penguin, London–New York 1997 (dt. *Die Biologie der Tugend: Warum es sich lohnt, gut zu sein*, Ullstein, Berlin 1999). In diesen Büchern geht es um die naturwissenschaftlichen Grundlagen des kooperativen Verhaltens beim Menschen.

Zweite Lektion

1 Auf diesem Gebiet fehlt es nicht an guten Büchern. Siehe: L. Mecacci, *Storia della psicologia del Novecento*, Laterza, Roma–Bari 1992.

2 Dazu ist zu sagen, daß die den neuesten wissenschaftlichen Stand berücksichtigenden Philosophen die Idee der zusammengesetzten, nicht eindeutigen oder sogar illusorischen Natur dessen, was wir Bewußtsein nennen, inzwischen zunehmend akzeptieren, so K. Wilkes (*Real People*, Clarendon Press, Oxford 1988) und der schon erwähnte Dennett in verschiedenen seiner jüngeren Schriften. Auf wissenschaftlicher Ebene siehe: A. R. Damasio, *The Feeling of What Happens. Body and Emotion in the Making of Consciousness*, Harcourt Brace, New York 1999.

3 Daß es dabei nicht um eine Frage gewohnheitsmäßiger Fingerbewegungen geht, beweist die Tatsache, daß wir genauso sicher mit einer oder beiden Händen schreiben oder auch mit dem Fuß. Wir verfügen also, auch wenn es nicht so scheint, in unserem Kopf über eine »Landkarte« bzw. ein Schema oder Modell der Tastatur: Es handelt sich aber um ein sozusagen »unsichtbares« Modell. Man spricht in diesem Zusammenhang gewöhnlich von einem »benutzbaren«, aber (dem Bewußtsein) »nicht zugänglichen« Modell. Diese letztere Aussage ist aber weniger genau, als es scheint. Zutreffender müßte es heißen: Das Gehirn benutzt ein erlerntes Schema (oder Modell) der Tastatur für bestimmte, gewohnheitsmäßige Funktionen wie das Computerschreiben, ist aber nicht imstande, es für andere Funktionen einzusetzen, z. B. es zu aufzuzeichnen oder mit Worten zu beschreiben.

4 Zur Einführung in das moderne Thema des Bewußtseins und des Unbewußten siehe Kapitel 4 meines Buchs *Fondamenti di psicologia dinamica*, Feltrinelli, Milano 1993.

5 P. N. Johnson-Laird, *Mental Models: Towards a Cognitive Science of Language, Inference and Consciousness*, Harvard Univ. Press, Cambridge Mass., 1983.

6 Jeder, der aufmerksam und vorurteilslos die Gesichter und Gebärden von Schimpansen (Schimpansen im eigentlichen Sinn sowie Bonobos) oder Orang-Utans beobachtet, hat das beunruhigende Gefühl, daß diese Tiere eher den Menschen ähneln als anderen Affen wie den Makaken. Tatsächlich stimmen die heutigen Biologen mit dieser Ansicht überein und erinnern u. a. daran, daß 98,5 % unserer DNA mit der von Schimpansen identisch ist.

7 M. Ferraris, *L'ermeneutica*, Laterza, Roma–Bari 1998, S. 47.

8 Dieser Punkt wurde von dem Philosophen Gilbert Ryle in seinem 1949 erschienenen Werk *The Concept of Mind* erhellt, das seitdem eine Diskussionsgrundlage zu diesem Thema bildet (G. Ryle, *The Concept of Mind*, Hutchinson, London 1949. Dt. *Der Begriff des Geistes*, Reclam, Stuttgart 1997).

9 Eine einfache Einführung in das Thema bietet: Ferraris, *L'ermeneutica*, a. a. O.

10 Die hier vertretene Hypothese ist, daß der Objektivitätsgedanke auch dann noch gültig ist, wenn hinsichtlich bestimmter Probleme der subatomaren Physik das, was man als »Objekt« (oder in anderen Fällen als physikalisches Ereignis) bezeichnen kann, keine Eigenschaften hat, anhand derer sich dessen Bedeutung intuitiv erfassen läßt, die dann nur noch probabilistisch oder mit Hilfe besonderer Kunstgriffe beschreibbar ist. Einige Gelehrte und Philosophen haben sich in Bezug auf diese Thematik jedoch zu mißverständlichen Thesen verstiegen, die von Mathematikern und Wissenschaftlern schon öfters aufs Korn genommen wurden. Eine brillante Dokumentation darüber findet sich in A. Sokal, J. Bricmont, *Impostures*

intellectuelles, Odile Jacob, Paris 1997 (dt. *Eleganter Unsinn. Wie die Denker der Postmoderne die Wissenschaften mißbrauchen*, C. H. Beck, München 1999).

11 Man darf nicht vergessen, daß hier auch die Geschichtswissenschaften und die Politik einbezogen werden. Diesbezüglich und als Beispiel für die Themen der Debatte kann ein Beitrag von Carlo Ginzburg erwähnt werden. Ginzburg ist bestürzt über diejenigen seiner Kollegen, nach deren Meinung »der Begriff Beweis aus der Mode gekommen ist«, und steht der Haltung, die »abstreitet, daß man zwischen historischer und literarischer Narration eine klare Trennlinie ziehen kann«, kritisch gegenüber. Solche Positionen – so gibt er zu bedenken – haben zur Folge, daß haltlose, aber von bestimmten Interessen getragene Narrationen nicht entkräftet werden können, wie z. B. die Behauptung, im Dritten Reich habe es keine Gaskammern gegeben (C. Ginzburg, *La sfida dello scetticismo*, »L'Indice«, XV, 11, Dez. 1998).

12 Von den Beispielen, die diese Thematik genauer darstellen, sei auf den auch für den unkundigen Leser leicht verständlichen Bericht in H. S. Terrace, *Nim*, Simon & Schuster, New York 1979, verwiesen. Es handelt sich um die Geschichte einer Studie, die ein behavioristischer Psychologe zusammen mit einer Gruppe von Studenten durchführte. Entgegen einem bestimmten Mythos stellte sich dabei heraus, daß Schimpansen doch nicht wirklich imstande sind, sich die Struktur der menschlichen Sprache anzueignen.

13 Die historische Gestaltpsychologie hat wenig oder nichts mit der modernen psychotherapeutischen Schule der Gestalttherapie zu tun.

14 M. Durst, *Gli studi di psicologia nell'Enciclopedia Italiana*, in G. Cimino, N. Dazzi (Hrsg.), *La Psicologia in Italia*, LED, Milano 1998, S. 609–650, zit. von S. 628. Vergl. im selben Band auch F. Ferruzzi, *La crisi della psicologia in Italia*.

Dritte Lektion

1 V. Braitenberg, *I veicoli pensanti*, Garzanti, Milano 1984 (dt. *Vehikel: Experimente mit kybernetischen Wesen*, Rowohlt, Reinbek 1993).

2 Der Verhaltensautomatismus bei Insekten wurde schon vor einem Jahrhundert von Jean-Henry Fabre (1823–1915), dem Begründer der modernen Entomologie, erkannt.

3 E. R. Kandel, *Small Systems of Neurons*, »Scientific American«, 241, 1979, S. 66–84.

4 P. M. Churchland, *The Engine of Reason, the Seat of the Soul*, The MIT Press, Cambridge, Mass., 1995, Kap. 2 (dt. *Die Seelenmaschine: Eine philosophische Reise ins Gehirn*, Spektrum, Heidelberg 1997).

5 Zur Bedeutung von Bedeutung: R. Millikan, *Language, Thought and Other Biological Categories*, The MIT Press, Cambridge, Mass., 1984; D. Dennett, *Darwin's Dangerous Idea: Evolution and the Meaning of Life*, Simon & Schuster, New York 1995 (dt. *Darwins gefährliches Erbe: Die Evolution und der Sinn des Lebens*, Hoffmann & Campe, Hamburg 1997).
6 C. L. Hardin, *Color for Philosophers*, Hackett, Indianapolis–Cambridge (Mass.) 1998.
7 Eine summarische Einführung in die neuronalen Netze findet sich in den allgemeinen Psychologiebüchern oder in den Büchern über das Gehirn, sofern sie auf dem neuesten Stand sind; oder: P. S. Churchland, T. J. Sejnowski, *The Computational Brain*, The MIT Press, Cambridge, Mass., 1992; P. Quinlain, *An Introduction to Connectionist Modeling*, Erlbaum, Hillsdale, N. J., 1992.
8 Zur Modularität: J. A. Fodor, *The Modularity of Mind*, The MIT Press, Cambridge, Mass. 1983; R. Jackendoff, *Patterns in the Mind: Language and Human Nature*, Basic Books, New York 1994.
9 Die Flugabwehrrakete ist zusammen mit dem Nachtfalter ein klassisches Beispiel zu diesem Thema. Die Terminologie ist hier allerdings in manchen Sprachen mehr oder weniger zweideutig. Im Englischen heißt es in der Regel zutreffend, die einfache Form der Boden-Luft-Rakete vom »Typ Nachtfalter«, also mit einem Eigenlenksystem, sei »goal-oriented«. Wenn ihr Flug – wie es mitunter vorkommt – als »purposeful« bezeichnet wird, so ist dies schon etwas mißverständlich. Wie J. S. Kennedy (*The New Anthropomorphism*, Cambridge UP, Cambridge 1992, S. 69 ff.) festgestellt hat, stößt man mitunter auf noch ausgeprägtere deskriptive und interpretative Unangebrachtheiten: Er weist darauf hin, daß sogar in einer der renommiertesten Abhandlungen des Problems, nämlich der von F. M. Toates (*Motivational Systems*, Cambridge UP, Cambridge 1986) fälschlich behauptet wird, in die Rakete sei bereits die Repräsentation einer »desired state«-Zukunft eingebaut.
10 Die Bezeichnung »Verhalten« wird von den Psychologen vorgezogen, die Bezeichnung »Handlung« von den Soziologen, aber die beiden Begriffe unterscheiden sich nur unerheblich voneinander. Wichtig ist die Unterscheidung zwischen Bewegung und Verhalten, die jedoch bis in die zwanziger und dreißiger Jahre des 20. Jahrhunderts unvollständig war. So wurde z. B. der typische epileptische Anfall des »Grand Mal«, ein Krampfanfall, der aus zuckenden Bewegungen eines unbewußten Subjekts besteht, zu jener Zeit noch als etwas von allgemeinen Störungen des *Verhaltens* nicht klar zu Trennendes gesehen und dem psychiatrischen Bereich zugeordnet.
11 Zu den methodologischen Klarstellungen in bezug auf diese Thematik gelangten die (europäischen) Ethologen früher als die Psychologen im eigentlichen Sinn. Die Ethologie oder Verhaltensforschung entstand be-

kanntlich aus den Untersuchungen von Naturwissenschaftlern und Zoologen und läßt sich als Wissenschaft des spontanen Verhaltens bezeichnen.

12 In der ersten Lektion wurde auf die *folk psychology* verwiesen, als einer naiven Standardform der nicht fachmännischen Psychologie. Schon im Augenblick der Herausbildung der »primären« Theorie des Geistes, mit der sich das Kind die Verhaltensweisen der anderen erklärt, werden diese als Folge bewußter Intentionen bzw. gemäß den Kategorien des »Wollens«, Glaubens und Wünschens gedeutet, also auf eine Weise, die heute als mentalistisch bezeichnet wird. Der Mentalismus ist ein zentrales Merkmal der gesamten naiven Psychologie. Der dem Mentalismus innewohnenden Philosophie zufolge geht »das Wesen dem Sein voraus«, oder anders ausgedrückt, unser Bewußtsein wird mit einem »Ich« gleichgesetzt, das als metaphysisches »a priori« gesehen wird. So fragt das Kind z. B.: »Wo war ich, bevor ich geboren wurde? Und bevor ich in Mamas Bauch war?« Oder auch: »Und wenn mich andere Eltern auf die Welt gebracht hätten?« (Sogar als Erwachsene stellen wir uns manchmal in der Phantasie vor, wir wären in einer anderen Epoche *auf die Welt* gekommen, ohne zu erkennen, daß es sich um ein logisches Absurdum handelt.) In jüngster Zeit wurden die der naiven Psychologie innewohnenden kategorialen »Fallen« genauer erforscht. Die Tendenzen der naiven Psychologie wurden dem »Antimentalismus« des sogenannten »eliminativen Materialismus« gegenübergestellt. Letzterer wurde zur anerkanntesten Orientierung unter den experimentellen Psychologen hinsichtlich des sogenannten »Problems des Geistes«. Daß die Idee des »Geistes« auf naturwissenschaftlichem Gebiet zunehmend Boden verliert, schlägt sich heute auch auf den Bereich der Philosophie nieder: siehe J. Kim, *Mind in a Physical World*, The MIT Press, Cambridge (Mass.) 1998; G. Lakoff, M. Johnson, *Philosophy in the Flesh*, Basic Books, New York 1999.

13 L. Wittgenstein, *Philosophische Untersuchungen*, Werkausgabe (Bd. 1), Suhrkamp, Frankfurt a. M. 1989, §§ 611–660.

14 G. E. M. Anscombe, *Intention*, Blackwell, Oxford 1957 (dt. *Absicht*, Verlag Alber, Freiburg i. Br. 1986).

15 Eine Einführung in das Thema der Kausalattributionen gibt der ausgezeichnete, von M. Hewstone und W. Stroebe & Coll. herausgegebene Band *Introduction to a Social Psychology. A European Perspective*, Blackwell, Oxford 1996.

16 Zum Verhältnis zwischen Einstellungen und manifestem Sozialverhalten vergl. die gängigen Texte über Sozialpsychologie. Zu erwähnen ist diesbezüglich auch die Bedeutung der Erläuterungen von I. Eibl-Eibesfeldt.

17 Die Hypothese, daß allgemein geteilte Muster sozialen Verhaltens, die nicht immer als solche erkannt werden, das Alltagshandeln leiten, beruft sich heute auf die Begriffe *frame* (Rahmen), der von S. S. Tomkins entwik-

kelt wurde, *script* (Drehbuch) (R. C. Schank) und *social clock* (R. P. Abelson) und andere, ähnliche Begriffe. Bedeutend auf dem Gebiet des Alltagshandelns war der Einfluß des auch außerhalb der Fachkreise bekannten Soziologen Erving Goffman.

18 Die Hypothese, die hier aufscheint, ist wohlgemerkt nicht, daß es keine »intentionalen Zustände« (im Sinn von willentlichen oder planenden Zuständen) gäbe, und auch nicht, daß diese völlig irrelevant oder unnütz seien, sondern vielmehr, daß sie nicht der Ursprung unseres Handelns sind. Diese Hypothese ist in der aktuellen Debatte über den Geist von zentraler Bedeutung. Vergleiche zu diesem und zu anderen, damit zusammenhängenden Punkten: S. Stich *From Folk Psychology to Cognitive Science: The Case Against Belief*, The MIT Press, Cambridge, Mass. 1985; M. Davies, T. Stone (Hrsg.), *Folk Psychology: The Theory of Mind Debate*, Blackwell, Oxford 1995; S. Stich, *Deconstructing the Mind*, Oxford UP, Oxford–New York 1996, sowie der bereits zitierte P. Carruthers, P. Smith (Hrsg.), *Theories of Theories of Mind*, Cambridge UP, Cambridge–New York 1996.

19 D. E. Nilsson und S. Pelget, zitiert in R. Dawkins, *Climbing Mount Improbable*, W. W. Norton, New York 1996; Kap. 5 ist der Entwicklung des Auges gewidmet. Die besten Einführungen in die Evolution im allgemeinen sind wahrscheinlich die von Dawkins, besonders lesenswert: *The Blind Watchmaker*, Longmans, London 1986 (dt. *Der blinde Uhrmacher: Ein Plädoyer für den Darwinismus*, Deutscher Taschenbuch Verlag, München 1996). Ausführlicher behandelt wird das Thema in J. Maynard Smith, E. Szathmaty *The Origins of Life*, Oxford 1999. Erinnert sei auch an die eher journalistischen und wegen ihrer vereinfachenden Brillanz sehr geschätzten Schriften von S. J. Gould. Wie schwierig es ist, große Zeiträume intuitiv zu erfassen, zeigt sich daran, daß sich nicht alle darüber klar sind, daß es eine Sache ist, zu behaupten, das Leben sei vor Jahrmillionen auf der Erde erschienen, was falsch ist, und eine andere, zu behaupten, es sei vor Milliarden Jahren erschienen. Es handelt sich jedoch um einen enormen Maßstabsunterschied. Man bedenke nur, daß bereits 11 Tage eine Million Sekunden ausmachen, während es 32 Jahre dauert, bis eine Milliarde Sekunden vergangen ist.

Vierte Lektion

1 Der bekannteste Gegensatz ist der zwischen »harten« Darwinianern (R. Dawkins, J. Maynard Smitz, D. Dennett) und »weichen« Darwinianern (S. J. Gould, R. Lewontin, N. Eldredge). Letztere werden von Lesern vorgezogen, die weniger der Mentalität der experimentellen Forschung verbunden sind.

2 G. M. Edelman, *Neural Darwinism*, Basic Books, New York 1987 (dt. *Unser Gehirn – ein dynamisches System: Die Theorie des neuronalen Darwinismus und die biologischen Grundlagen der Wahrnehmung*, Piper, München 1993).

3 Die aktuelle Anwendung der Evolutionstheorie auf diesen Gebieten darf nicht mit dem »Sozialdarwinismus« des 19. Jahrhunderts verwechselt werden. Vergleiche W. G. Runciman, *The Social Animal*, HarperCollins, London 1998.

4 Zur Evolution des Menschen: M. Harris, *Our Kind*, Harper & Row, New York 1989 (dt. *Menschen: Wie wir wurden, was wir sind*, Klett-Cotta, Stuttgart 1991); L. Cavalli-Sforza, P. Menozzi, A. Piazza, *Storia e geografia dei geni umani*, Adelphi, Milano 1997; J. Diamond, *Guns, Germs and Steel*, W. W. Norton, New York 1997 (dt. *Arm und reich: Die Schicksale menschlicher Gesellschaften*, Fischer, Frankfurt 1999); S. Jones, R. D. Martin, S. Bunney (hrsg.), *The Cambridge Encyclopedia of Human Evolution*, Cambridge UP, Cambridge 1994.

5 Eine gute Einführung in die Entwicklungspsychologie gibt H. Plotkin, *Evolution in Mind*, Harvard UP, Cambridge (Mass.) 1998.

6 Eine einfache Einführung in das Thema gibt: P. Legrenzi, *Come funziona la mente*, Laterza, Roma–Bari 1992.

7 Die Entstehung der modernen Wissenschaftstheorie ist im Denken von Francis Bacon mit einer vorsichtigen antirationalistischen Kritik verbunden, die auf der Feststellung beruht, daß unsere Art zu denken von Natur aus Irrtümer erzeugt: In seinem *Novum Organum* (1620) sagt er unter anderem, der menschliche Intellekt sei »ein ungetreuer Spiegel« der Wirklichkeit. Daher die Notwendigkeit, so Bacon, die kognitive Untersuchung der Überprüfung durch die experimentelle Methode zu unterziehen.

8 S. Sutherland, *Irrationality*, Penguin, London 1992; M. Piattelli Palmarini, *L'Illusione di sapere*, Mondadori, Milano 1993 (dt. *Die Illusion zu wissen. Was hinter unseren Irrtümern steckt*, Rowohlt, Reinbek bei Hamburg, 1997); S. A. Vyse, *Believing in Magic*, Oxford UP, Oxford–New York 1997.

9 Neuere Beiträge dazu u. a. D. Sperber, *Explaining Culture: A Naturalistic Approach*, Blackwell, Oxford 1996.

10 D. Freeman, *Margaret Mead and Samoa: The Making and Unmaking of an Anthropological Myth*, Harvard UP, Cambridge (Mass.) 1983. Das Werk, auf das sich Freeman bezieht ist: M. Mead, *Coming of Age in Samoa* von 1928, das mehrmals wiederveröffentlicht wurde (Morrow, New York 1961; dt. *Kindheit und Jugend in Samoa*, Deutscher Taschenbuch Verlag, München 1981).

11 Zu diesem Thema gibt es zahlreiche Untersuchungen in unterschiedlichen Wissenschaftsbereichen. Als eine der ersten Studien, die den Kulturrelativismus widerlegten, ist die von 1945 über die universalen Aspekte der »Statusdifferenzierung« zu nennen: G. P. Murdock, *The Common Denominator of Cultures*, wiederveröffentlicht in ders. *Culture and Society*, Pitts-

burgh UP, Pittsburgh (Penn.) 1964. In den sechziger Jahren sollte die Thematik der kulturellen Invariablen dem breiten Publikum, vor allem in Europa, in einer besonderen, aber einschränkenden Ausdeutung bekannt werden, nämlich aus der strukturalistischen Sicht von Claude Lèvi-Strauss.

12 Vergl. die Bücher von F. de Waal, v. a. F. de Waal, *Peacemaking among Primates*, Harvard Univ. Press, Cambridge, Mass., 1989.

13 Zu diesem Punkt ist zu sagen, daß in den fünfziger und sechziger Jahren biologistische Vereinfachungen der Debatte geschadet haben. Verantwortlich für diese Verzerrungen, die weniger wissenschaftlichen als ideologischen Ursprung hatten, waren sowohl große Wissenschaftler wie Konrad Lorenz mit seinen Thesen über die Aggression, als auch weniger prominente Autoren wie R. Ardrey hinsichtlich des »territorialen Imperativs«. Besser und ausgewogener sind die Positionen der Gelehrten in den darauffolgenden Jahrzehnten. Der Begriff »Soziobiologie« ist verbunden mit dem Werk von E. O. Wilson, *Sociobiology: The New Synthesis*, Harvard Univ. Press, Cambridge, Mass., 1975, dessen Theorien jedoch reduktionistisch sind, da er versucht, die Erforschung der biologischen Grundlagen des Sozialverhaltens der Tiere (und teilweise auch der Menschen) von der Untersuchung des allgemeinen Verhaltens zu trennen.

14 Zu diesem Thema gibt es verschiedene informative Zusammenfassungen, z.B. A. Moir, D. Jessel, *Brain Sex*, Rei Ed., 1993; D. Blum, *Sex on the Brain*, Penguin, London 1997.

15 A. Giddens, *Modernity and Self-Identity*, Stanford UP, Stanford (Cal.) 1991.

16 Zu diesem Punkt wie zu anderen Aspekten des allgemeinen Themas der Intelligenz ist die bis heute beste systematische und umfassendste Einführung (die jedoch Anlaß zur Kritik gab, weil einer akkuraten wissenschaftlichen Dokumentation eine konservative ideologische Präjudiz hinzugefügt wurde) die von R. J. Herrnstein und C. Murray, *The Bell Curve*, The Free Press, New York 1994, siehe vor allem Kapitel 17, S. 389–416. Die besten Aspekte des Bands sind eher didaktisch als innovativ und wurden nicht allzusehr (in oft inkompetenter) Weise kritisiert; hinsichtlich der seriösesten Kritiken siehe: C. S. Fischer *et al.*, *Inequality by Design*, Princeton UP, Princeton (NJ) 1996.

17 Es ist jedoch darauf hinzuweisen, daß in nicht allerjüngster Zeit die Hypothese Interesse geweckt und Diskussionen ausgelöst hat, derzufolge die in den israelischen Kibbuzim gemeinschaftlich aufgezogenen Subjekte und – in einem ganz anderen ideologischen Zusammenhang – auch diejenigen, die in dem für bestimmte traditionalistische evangelische Sekten typischen moralistischen Milieu leben, möglicherweise für bestimmte mentale Störungen weniger anfällig sind.

18 Eine Einführung in das Thema gibt: G. Jervis, *La conquista dell'identità*, Feltrinelli, Milano 1997.

19 In Mangelgesellschaften ist Fettleibigkeit ein Zeichen für einen privilegierten Status; in Wohlstandsgesellschaften ist es dagegen die Schlankheit, die diese Bedeutung annimmt. Darüber hinaus könnte es sein, daß die schlanke Linie bei jungen Frauen (ganz ungewollt und natürlich unbewußt) eine Bereitschaft zur sexuellen Begegnung, nicht aber zur Fortpflanzung signalisiert. Vergl.: A. Stevens, J. Price, Evolutionary Psychiatry, Routledge, London 1996, Kap. 9.
20 K. R. Jamison, Touched with Fire: Manic Depressive Illness and the Artistic Temperament, The Free Press, Glencoe, Ill., 1993.
21 E. Sober, D. S. Wilson, Unto Others: The Evolution and Psychology of Unselfish Behavior, Harvard UP, Cambridge (Mass.) 1998.
22 Es ist darauf hinzuweisen, daß die Herausbildung von Kooperation in ihren Grundaspekten genaugenommen kein Gruppenprozeß ist. Schon bei Tieren schafft das einzelne Individuum Kooperationsstrukturen, die sich aus »egoistischen«, d. h. für das Überleben und die Reproduktion vorteilhaften Initiativen ergeben. Die Klärung dieses Punktes war für die Evolutionsforschung in den sechziger und siebziger Jahren von ausschlaggebender Bedeutung, und die Untersuchung des genauen Verhältnisses zwischen (individuellem) Interesse an Kooperation einerseits und dem Interesse an Verrat und Konkurrenz andererseits wurde zu einem der faszinierendsten Aspekte dieser Forschungsrichtung: vergl. dazu die Schriften von John Maynard Smith (teilweise abweichender Meinung Sober und Wilson, zit. in der vorausgehenden Anmerkung.)

Lesen Sie weiter:

WAGENBACHS
ANDERE
TASCHENBÜCHER

JANE BOWLES   *Zwei sehr ernsthafte Damen*

Was zwei exzentrischen Damen passiert, wenn sie vom ordentlichen Weg abkommen und ihren verborgenen Wünschen und Begierden nachgehen. »Mein Lieblingsbuch.«   Tennessee Williams

Aus dem Amerikanischen von Adelheid Dormagen
WAT 416. 264 Seiten

Natalia Ginzburgs Leben in Selbstzeugnissen
»Es fällt schwer, von sich selbst zu sprechen, aber es ist schön.«

Die Schriftstellerin Natalia Ginzburg gehörte zu den bedeutendsten ihrer Generation: als Frau, die über das Leben der Frauen und über ihre Beziehungen schrieb.
Die Intellektuelle Natalia Ginzburg wurde zu einer moralischen Instanz, nicht nur als jemand, der auf den Zeitungsseiten politische Fragen öffentlich diskutierte, sondern auch als unabhängige Abgeordnete, die parlamentarische Arbeit beeinflußte.

Zusammengestellt und aus dem Italienischen von Maja Pflug
WAT 414. Deutsche Erstausgabe. 128 Seiten

NATALIA GINZBURG   *Die Familie Manzoni*

Natalia Ginzburgs Dokumentarroman über den Autor von *Die Verlobten* (Das Brautpaar), den großen romantischen Dichter Alessandro Manzoni, und seine weitverzweigte Familie.

Aus dem Italienischen von Maja Pflug
WAT 413. 464 Seiten mit 20 Bildtafeln

WAGENBACHS
ANDERE
TASCHENBÜCHER

PETER BURKE *Ludwig XIV.*
Die Inszenierung des Sonnenkönigs

Peter Burke beschreibt, deutet und kommentiert die Propagandamaschinerie um den Star unter den gekrönten Häuptern.
»Was bleibt, ist ein sehr detailliertes, ansprechend dargebotenes Tableau der herrschaftstechnischen Kunstmittel, die unter Ludwig XIV. zur Machtsicherung und -steigerung übernommen, ausgeweitet, erfunden, modifiziert wurden.« Ernst Hinrichs, FAZ

Aus dem Englischen von Matthias Fienbork
WAT 412. 280 Seiten

ERICH FRIED *Die Freiheit den Mund aufzumachen*
Achtundvierzig Gedichte

Fragen nach den Bedingungen der Freiheit, nach den Reden und Taten derjenigen, die die Würde des Menschen zitieren und den Ermessensspielraum meinen.
Und Fragen an diejenigen, die immer schon alles gewußt haben.

WAT 411. 80 Seiten

LOTHAR BAIER *Die große Ketzerei*
Verfolgung und Ausrottung der Katharer im Mittelalter

Lothar Baiers Buch erzählt von der Verfolgung der Katharer, ohne diese ersten Ketzer mit dem Heiligenschein zu schmücken, den man Dissidenten immer wieder allzu rasch verliehen hat.
»Ein Musterbeispiel anschaulicher und zugleich reflektierender Geschichtsschreibung.« Helmut Scheffel, FAZ

WAT 410. 208 Seiten mit Abbildungen

WAGENBACHS
ANDERE
TASCHENBÜCHER

RAYMOND QUENEAU   *Man ist immer zu gut zu den Frauen*

Wie ein Postfräulein bei einem Aufstand den Sieg davonträgt.
»Queneau zeigt in seiner wunderbaren, bei den Surrealisten geschulten Sprache, wie schnell sich ein hübsches junges Mädchen als verflixtes Luder entpuppen kann.« Die Presse

Aus dem Französischen von Eugen Helmlé
WAT 409. 144 Seiten

MANUEL VÁZQUEZ MONTALBÁN   *Der Pianist*

Zwei frühere Freunde treffen sich nach vielen Jahren wieder und blicken auf zwei verschiedene Lebenswege zurück.
»Der Künstler und die Gesellschaft, Engagement contra Autonomie, ein altes Romanthema. Eine äußerst lesenswerte Variante von Vázquez Montalbán«. Die Zeit

Aus dem Spanischen von Maralde Meyer-Minnemann
WAT 408. 384 Seiten

Schreiben Sie uns eine Postkarte – wir schicken Ihnen gerne unseren jährlichen Almanach »Zwiebel«, der Sie über das Programm informiert. *Kostenlos, auf Lebenszeit!*

Verlag Klaus Wagenbach   Emser Straße 40/41   10719 Berlin